Tenebra

Per un'escavazione della contemporaneità

g. olmo stuppia

postmedia●books

Questo libro è stato pubblicato contestualmente alla mostra Tenebra di g. olmo stuppia presso SPARC*—Spazio Arte Contemporanea, Venezia tenutasi dal 19 Febbraio al 30 Aprile 2021.

This book was published at the same time as the Tenebra exhibition by g. olmo stuppia at SPARC*—Contemporary Art Space, Venice from 19 February to 30 April 2021.

Ringraziamenti
Bruno Giustiniani detto "Giusti" (Taxista pensionato del video).
/ Bruno Giustiniani known as 'Giusti' (retired taxi driver from the video).
Armando Bozzola (pittore veneziano e viaggiatore per tutta la vita).
/ Armando Bozzola (Venetian painter and life-long traveller).
Si ringraziano tutte le persone che a vario titolo hanno reso possibile questo primo episodio di Tenebra. Solo grazie a loro l'artista ha potuto trovare la forza di scavare nel buio. / We would like to thank all the people who in various ways made this first episode of Tenebra possible. It was only thanks to them that the artist was able to find the strength to delve into the darkness.

Tenebra. Per un'escavazione della contemporaneità
g. olmo stuppia

Redazione: Celeste Napolitano

In copertina: Tenebra, 19 Febbraio–30 Aprile 2021, SPARC*—
Spazio Arte Contemporanea, Venezia. Foto di Elena Andreato

www.postmediabooks.it
ISBN 9788874903481

Tenebra è un libro che racconta la catastrofe di ogni giorno in cui non accade nulla.[1]

1 Trad. en. «Tenebra is a book about the catastrophe of every day in which nothing happens.»

Contenuti

«The night was dark; it was pitch dark;
but it was such a night as this that they had waited for»[2]

2 Virginia Woolf, *Orlando*, edited by Brenda Lyons with and introdcution and notes by Sandra M. Gilbert, Penguins Books, 1993 p. 41; trad. it. "La notte era buia; era buio pesto; ma era una notte come questa che essi avevano aspettato".

"g. olmo stuppia" é il nome d'arte che Gaetano Olmo Stuppia, per tutti Olmo, sceglie per la propria azione nel campo dell'arte contemporanea e concettuale. Parte integrante della sua poetica è il lavorio continuo sui dispositivi di potere che soggiacciono alla lingua come luogo di dominio; un dominio da rifiutare giocando con grammatica e parole.

"g. olmo stuppia" is the artistic name that Gaetano Olmo Stuppia, for everyone Olmo, chooses for his action in the field of contemporary and conceptual art. An integral part of his poetics is the continuous work on the power devices that underlie language as a place of domination; a domination to be rejected by playing with grammar and words.

Prefazione Elisa Gremmo
Dentro all'oscurità

«Contemporaneo è colui che riceve in pieno viso il fascio di tenebra che proviene dal suo tempo.»[3]

Vivere appieno la contemporaneità significa non comprenderla. È sempre necessario uno scarto tra il soggetto interpretante e la realtà interpretata: l'osservatore deve porsi a una distanza sufficientemente ampia per avere la giusta prospettiva sulla propria epoca. Al contrario, una completa incarnazione degli ideali dei propri contemporanei non ne permette un'analisi lucida.

A cosa equivale, dunque, una concezione più profonda del mondo?

Giorgio Agamben, in *Che cos'è il contemporaneo?*, rifugge da una caratterizzazione prettamente negativa del buio: lungi dall'essere presentato come mera assenza di luce, esso assume le sembianze di una diversa tipologia di visione. Non si tratta, pertanto, di una forma di passività della percezione, ma di una peculiare attività della nostra vista. Analogamente, il vero contemporaneo non rimane abbagliato dalle luci del suo secolo: egli riesce effettivamente a narrare la propria epoca solo scorgendone la più intima oscurità.

Se la luce bianca della contemporaneità appiattisce tutte le ombre ed evidenzia esclusivamente i contorni delle ideologie, la tenebra è la componente percettiva che conferisce profondità, lasciando spazio alle ombre e alle perplessità da cui di solito distogliamo lo sguardo.

3 G. Agamben, *Che cos'è il contemporaneo*, Nottetempo, Milano, 2008.

«Nella vita ho imparato tutto da solo e anche a fare tutto senza poter stare da solo». Vera o falsa che sia, questa affermazione, un frammento del *freestyle* proposto in *Tenebra*, la personale di g. olmo stuppia tenutasi a SPARC* – Spazio Arte Contemporanea, racchiude in sé il senso delle opere proposte dall'artista, il quale non ha paura di illuminare il sudiciume che sta appena oltre l'ombra della contemporaneità: escludendo la linearità del progresso e ripudiando la falsa trasparenza delle istituzioni, evidenziando così la frammentarietà e le contraddizioni che caratterizzano la nostra epoca.

Tenebra è il primo capitolo di un progetto nato a Venezia durante il lockdown iniziato a marzo del 2020, che ha come obiettivo ultimo quello di sviscerare il proprio tempo mantenendone una configurazione sfaccettata e molteplice. Uno dei profili che è immancabilmente presente è quello della vita di g. olmo stuppia: il suo vissuto artistico si intreccia con quello individuale, conferendo così una maggiore intensità alla rappresentazione del reale. Infatti, nonostante sia personale, la mostra non è autobiografica. g. olmo stuppia ha strappato dalle tenebre personaggi, ruoli e simboli. La sala del piano terra contiene una breve introduzione alla mostra e una fotografia di un canale di Venezia, che è stata scattata nella solitudine del *lockdown* di marzo e su cui l'artista è intervenuto con del colore blu. Passando alla parte dell'esposizione che è quasi totalmente immersa nel buio, sulle scale è stata disposta la testa deteriorata di una statua della libertà disseppellita dall'artista in Sicilia, operazione documentata da un video proposto nella sala successiva. La simbologia della statua evoca il ritorno dell'Occidente ai suoi albori non come imposizione, ma come scherno alla sorte: nonostante sia in rovina, la libertà come la statua, esistono ancora.

In altre due sale sono presenti delle piccole sculture in argento. Nel primo caso si tratta di un candelabro che riprende la forma del Menorah ebraico con due piccole candele accese, la cui durata è simile al tempo medio che un visitatore impiega per osservare la mostra. In argento sono anche altre piccole sculture filiformi illuminate da una candela: nonostante siano dello stesso materiale e affiancate l'una all'altra non riescono a trasmettere un senso di comunità, ma piuttosto sembrano essere delle singolarità inconciliabili. Nella stessa stanza, avvicinandosi alla candela, è possibile ascoltare il *freestyle* composto dall'artista.

Altre due tenebre che sono state riportate alla luce sono le vite di due personaggi di Venezia, raccontate da due video-interviste: un taxista e un pittore. Nel primo caso il video è accompagnato da una piscinetta per bambini e da una piccola barchetta di legno. La stanza del pittore è invece stata allestita come il suo studio e presenta una selezione di suoi dipinti. In quest'ultimo caso siamo in presenza di una sorta di alter-ego di g. olmo stuppia, che si immedesima nel ruolo di un pittore il cui lavoro non ha ricevuto la risonanza aspettata. Da una parte c'è quindi la difficoltà di far apprezzare le proprie opere, dall'altra parte c'è l'estrema fatica del processo creativo, che porta l'artista ad avere difficoltà a separarsi dal proprio lavoro.

La contemporaneità è molto più della propria versione mercificata: non ha contorni nitidi, non è univoca e non è banalmente piatta. Sprofondare nella tenebra non comporta il godere semplicemente della sottrazione della luce, ma significa rifuggire l'immediata soddisfazione animalesca che pecca di superficialità ed educare il pensiero alla catena di emozioni che ci atterriscono anche se, inevitabilmente,appartengono al nostro vissuto. La contemporaneità è una miscela di luci e ombre. E per capirla è necessario immergersi nelle sue tenebre.

Elisa Gremmo
Into the Darkness

«Contemporary is he who receives in full face the beam of darkness that comes from his time.»[4]

To experience contemporaneity fully is to fail to understand it. A gap is always necessary between the interpreting subject and the interpreted reality: the observer must place himself at a sufficiently wide distance to have the right perspective on his own era. On the contrary, a complete embodiment of the ideals of one's contemporaries does not allow for a lucid analysis.

What, then, does a deeper conception of the world amount to?

In *What is contemporary?*, Giorgio Agamben eschews a purely negative characterisation of darkness: far from being presented as a mere absence of light, it takes on the appearance of a different kind of vision. It is not, therefore, a form of passivity of perception, but a peculiar activity of our sight. Similarly, the true contemporary is not dazzled by the lights of his century: he can only really narrate his era by seeing its innermost darkness.

4 G. Agamben, *Che cos'è il contemporaneo*, Nottetempo, Milano, 2008.

If the dazzling white light of contemporaneity flattens all shadows and highlights only the vivid contours of ideologies, darkness is the perceptive component that gives depth, leaving room for the shadows and perplexity from which we usually avert our eyes.

"I have learned everything in life by myself and also to do everything without being able to be alone. Whether true or false, this statement, a fragment of the freestyle proposed in *Tenebra*, the solo exhibition of g. olmo stuppia held at SPARC* - Spazio Arte Contemporanea, encapsulates the meaning of the works proposed by the artist, who is not afraid to illuminate the filth that lies just beyond the shadow of contemporaneity: excluding the linearity of progress and repudiating the false transparency of institutions, thus highlighting the fragmentary nature and contradictions that characterise our age.

Tenebra is the first chapter of a project born in Venice during the lockdown that began in March 2020, whose ultimate aim is to dissect its own time while maintaining a multifaceted and multiple configuration. One of the profiles that is invariably present is that of g. olmo stuppia's life: his artistic experience is intertwined with his individual one, thus giving a greater intensity to the representation of reality. In fact, although the exhibition is personal, it is not autobiographical. g. olmo stuppia has plucked characters, roles and symbols from obscurity. The ground floor room contains a brief introduction to the exhibition and a photograph of a canal in Venice, which was taken in the solitude of the March lockdown and on which the artist has intervened with blue paint. Moving on to the part of the exhibition that is almost totally immersed in darkness, the deteriorated head of a statue of liberty unearthed by the artist in Sicily has been placed on the stairs, an operation documented by a video shown in the next room. The symbolism of the statue evokes the return of the West to its beginnings, not as an imposition, but as a mockery of fate: despite being in ruins, freedom, like the statue, still exists.

In two other rooms there are small silver sculptures. The first one is a candelabrum in the shape of the Jewish Menorah with two small lit candles, whose duration is similar to the average time a visitor takes to view the exhibition. Other small threadlike sculptures lit by a candle are also made of silver: although they are made of the same material and placed side by side, they fail to convey a sense of community, but rather seem to be irreconcilable singularities. In the same room, as you approach the candle, you can listen to the freestyle composed by the artist.

Two other shadows that have been brought to light are the lives of two characters from Venice, told by two video interviews: a taxi driver and a painter. In the first case, the video is accompanied by a children's pool and a small wooden boat. The painter's room, on the other hand, has been set up as his studio and presents a selection of his paintings. In the latter case, we are in the presence of a sort of alter-ego of g. olmo stuppia, who takes on the role of a painter whose work has not received the expected response. On the one hand, therefore, there is the difficulty of having one's work appreciated, and on the other hand, there is the extreme fatigue of the creative process, which makes it difficult for the artist to separate himself from his work.

Contemporaneity is much more than its own commodified version: it does not have sharp contours, it is not unambiguous and it is not banally flat. Sinking into darkness does not mean simply enjoying the subtraction of light, but means shunning the immediate animalistic satisfaction that is sinful of superficiality and educating thought to the chain of emotions that terrify us even if they inevitably belong to our experience. Contemporary life is a mixture of light and shade. And to understand it, it is necessary to immerse oneself in its darkness.

Introduzione
Francesca Giubilei, Luca Berta

Tenebra è la prima mostra personale a Venezia di g. olmo stuppia, ospitata a SPARC*-Spazio Arte Contemporanea dal 22 febbraio al 30 Aprile, 2021.

Sono raccontate due voci della Venezia quotidiana che hanno incontrato la storia: un tassista della Giudecca, che ha conosciuto Togliatti, Kruscev, Richard Nixon, Roman Polanski perché con la sua barca li portava in giro per la città; e un pittore di Santa Marta che per decenni ha dipinto la sua idea di bellezza e ora vive in una piccola casa-studio con i suoi quadri come unici compagni di vita. In tasca sempre due lettere firmate da Paul Newman e Frank Sinatra che comprarono delle sue opere in tempi ormai lontani.

All'ingresso una figura femminile, sfregiata, una statua della libertà decapitata il cui corpo è finalmente nella mani dell'artista.

Abitano lo spazio semi-oscuro tre video in alta risoluzione, dodici sculture minute, alcuni profumi e tre candelabri d'argento fusi come sculture.

Per l'occasione l'artista è impegnato a lavorare sui dispositivi di luce e di ombra a partire da una visione arcaica ma comunque appartenente ai frammenti dell'odierno: un attrito dinanzi all'ignoranza dilagante; un attrito che scaturisce da un ritrovamento essenziale ed estetico: una sorta di nuova vergine in cemento armato che apre lo spazio di una temporaneità tenacemente resistente ad una contemporaneità primitiva che si fregia di "modernità".

Usando video, sculture, giochi per bambini e effetti di luce calcolati, l'artista siculo-milanese perfonde lo spazio espositivo con "un'atmosferologia" (come intesa da Martin Heidegger prima e da Tonino Griffero poi) unica e la unisce a due voci di una Venezia antica quanto attuale, quella del tassista Giustiniano Brunato e quella del pittore Armando Bozzola.

Ricollegandosi a studi che destrutturano la *mitopoiesis* del cristianesimo, la poetica femminista lonziana, la visione architettonica di Heinrich Wolfflin, Stuppia tratta la sua città adottiva, Venezia, con la profonda ammirazione e stupore che si provano per una catastrofe in corso.

Con le sue luci, che in un lampo trafiggono i funghi, i fanghi tossici di Marghera e della Caffaro voluti dai nordici produttivisti.

Tenebra è un omaggio a Goethe, Schelling ma anche a Nina Siciliana, a Saffo ed Alceo, Euripide, Leo Carax. É un canto intriso di una contemporaneità reale, che slitta fuori dalle terroristiche mode di un "terrorista Occidente".

Per navigare la peste, per sublimare il buio.

Introduction
Francesca Giubilei, Luca Berta

Tenebra is the first solo exhibition of g. olmo stuppia in Venice, on view at SPARC*-Spazio Arte Contemporanea from 22nd February to 30th April 2021.

Two voices of an unconventional Venice that have encountered history are told: a water-taxi driver from Giudecca Island who carried around on his boat Togliatti, Krushchev, Richard Nixon and Roman Polanski when they were in Venice; and a painter based in the neighbourhood of Santa Marta who, for decades, painted his idea of beauty and is now living in a small studio with his paintings as only companions. In his pockets he always carries two letters, one signed by Paul Newman, the other by Frank Sinatra, who bought his works a long time ago.

At the entrance, a scarred female figure, a decapitated Statue of Liberty whose body is finally in the hands of the artist.

The semi-obscurity of the space is inhabited by three high-resolution videos, twelve tiny sculptures, some smells and three silver candelabra fused into sculptures.

For the occasion, the artist worked on light and shadow devices, starting from an archaic vision, but still part of today's fragments: a friction in the face of widespread ignorance, a friction that springs from an essential and aesthetic founding: a sort of new virgin made of reinforced concrete opening the space of a temporariness tenaciously resistant to a primitive contemporaneity, which prides itself on being "modern".

Using videos, sculptures, children's toys and calculated light effects the Sicilian-Milanese artist invades the exhibition space with a unique "atmospherology" (as mentioned by Martin Heidegger and Tonino Griffero), combining it with two voices of an ancient yet current Venice, those of Giustiniano Brunato, water-taxi driver, and of the painter Armando Bozzola.

By reconnecting to studies that deconstruct the *mitopoiesis* of Christianity, Carla Lonzi's feminist poetic and Heinrich Wölfflin's architectural vision, Stuppia deals with Venice, his city of adoption, with the profound admiration and astonishment that you might experience during a catastrophe.

Venice, with its lights which pierce in a flash the funghi, the toxic mud of Marghera and Caffaro so desired by Nordic productivity freaks.

Tenebra (darkness) is an homage to Goethe, Schelling but also to Nina Siciliana, Saffo and Alceo, Eripide and Leo Carax. It's a song soaked with real contemporaneousness, slipping out of the terrorist trends of a "terrorist West".

To sail through the plague and sublimate darkness.

Antefatto

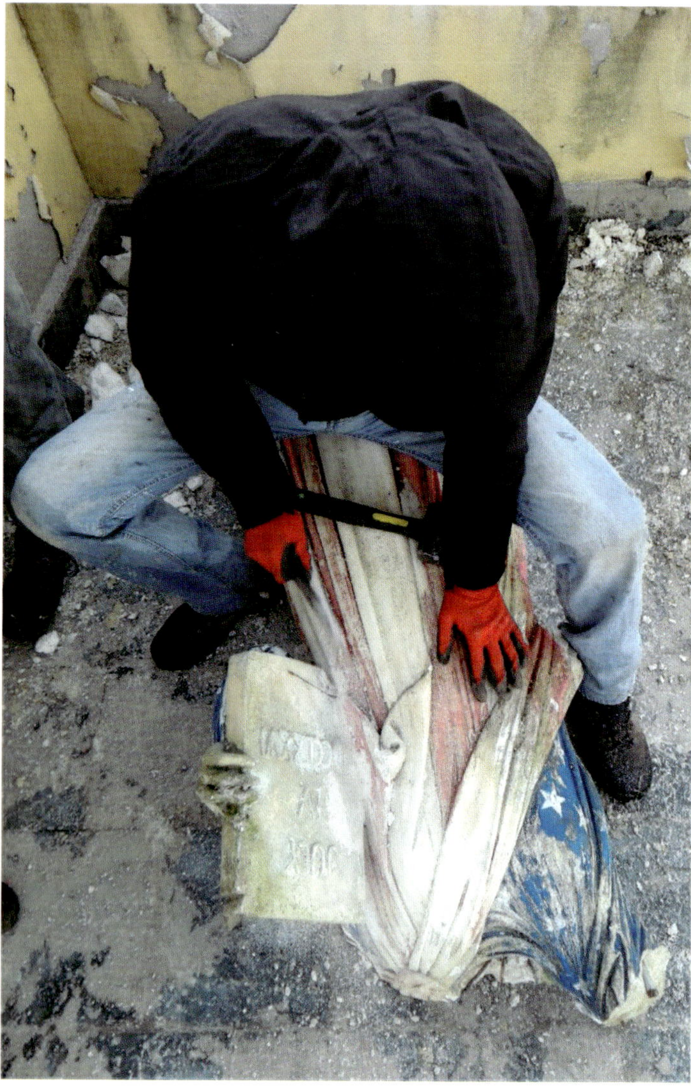

Tenebra, 19 Febbraio–30 Aprile 2021
SPARC* – Spazio Arte Contemporanea, Venezia

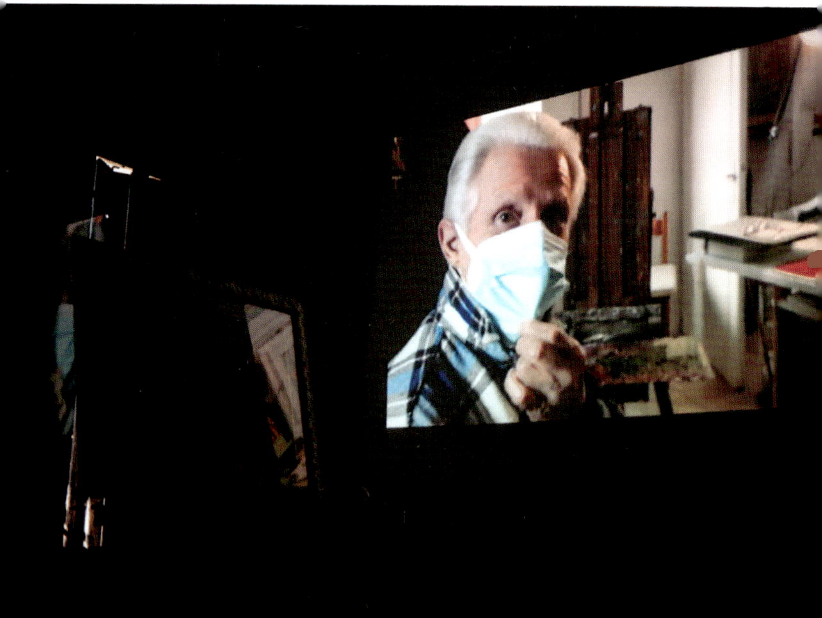

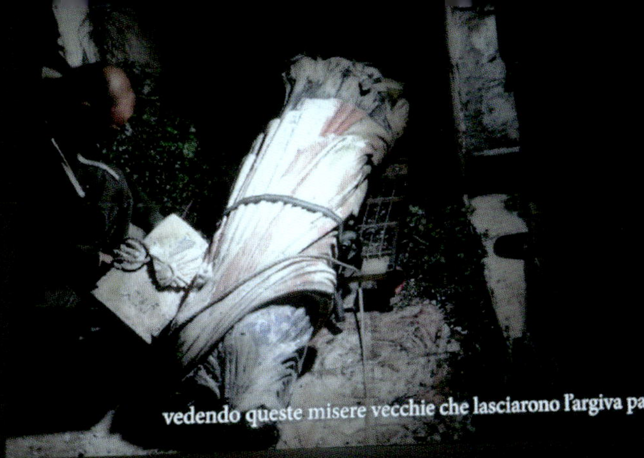
vedendo queste misere vecchie che lasciarono l'argiva pa

patria

SUMMER
WAVES®

Video

e con i rami supplici alle ginocchia mie caddero,

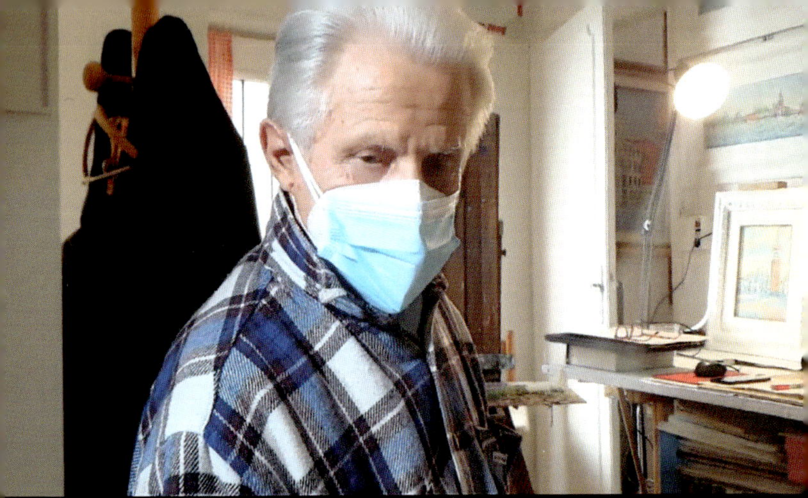

...ём языков, на которых говорят хозяин вапоретто: английский, немецкий, французский, испанский и приписка: «Здесь говорит по-русски». Гондольеры вообще полиглоты: с туристами лучше объясняться без переводчика. Увы, таких, как Джусти, больше нет: по-русски он говорит довольно свободно, а главное, с удовольствием, со смаком, записывает в блокнотик неизвестные слова, на память читает куски из русской классики — из Гоголя, Чехова, Достоевского, даже Лермонтова. Спрашиваю, откуда русский язык? «Моя бабушка жила в

...дит ее по телевизору, хочет непременно вернуться». «Моя дочь изучает русский». «Моя жена заплакала в Кремле, когда узнала, что здесь работали итальянцы». Джусти знает, что Аристотель Фьораванти построил кремлевский Успенский собор, где венчались на царство русские цари. Знает Джусти и о том, что итальянцы Марко Фрязин и Пьетро Солари построили Грановитую палату, где русские цари принимали иностранных послов, в том числе и венецианских. И уж, конечно, Джусти все знает о Венеции.

Это благодаря ему я увидел полнейшие собрания Ти...

...картин итальянского Возрождения. В поезде Венеция — Милан я долго рассматривал прекрасные копии с рисунков Аннибале Карраччи.

Итальянец растет среди произведений искусства. Говорят, в одном Риме памятников больше, чем во Франции. А в Венеции вообще нет ни одного здания, которое бы не было памятником. И о каждом из них, о его истории, владельцах, нынешних и прежних, об архитектурных стилях Джусти знает больше любого дипломированного искусствоведа. Вот церковь Сан-Лоренцо, здесь погребен Марко Поло. Вот дом, где умер Вагнер, а здесь роди...

...дольером, поэтому ... тонкости управлени... считает это дело про... ступным каждому, ... детельствую, что это... Искусство гондолье... кально: стоя на ... корме в любую вол... ной ногой отталкива... стены дома, весло ... вах просто сверкает. ... оно не прикреплено ... ле, подставке под ... только упирается в не... ма форкола — это ... кладного искусства. ... в Нью-Йорке в музее ... Art» выставлена фор... Венеции.

На перекрестке ... гондольеры громко ... предупреждают ...

Джусти, венецианец

Петербурге, на Фонтанке, в семье ... Александра III. ... стол на кро... ...

...торетто, Тициана, Веронезе — их картины разбросаны по разным церквам ... гид, кроме Джусти, не мог бы показать ... венецианцев с такой любовью и с таким терпением и тактом. Он всегда стоял в стороне — и он был счастлив, ...

...ся Вивальди. В этом доме жил Чайковский. «Я очень люблю русскую музыку — в Москве при первой возможности ходил в Большой театр». За мостом университет, как раз в этом здании факультет русского языка. О мостах Венеции можно напи...

...катеров ... В остальном ... еров почти так... картинах Карпа... ...ки. Гондолы за ...

Antefatto

pp. 24-25 g. olmo stuppia, *Ti ho desiderata tanto part I,* (pictures documenting the extraction of a a head of Statue of Freedom spotted Sicily during a solitary walkscape around military bases - series of sicilian gestures), 72x103 cm 1/10 copy, printed on fabriano matt paper 250gr, 2018

pp. 26-27 g. olmo stuppia, *Ti ho desiderata tanto parti II*, (pictures of the extraction of a the body of a concrete Statue of Freedom with no head, spotted in Sigonella close Etna Vulcan at Simeto Valley 28 dec. 2020, Sicily during pandemic 28 dec. 2020, 16km SS Gela Catania, Sicily, Italy), fabriano matt paper 250gr, 1/10, 2020

Tenebra, solo exhibition at Spazio Sparc,

Campo Santo Stefano, Venezia 19 febbraio - 30 aprile 2021

pp. 28-29 Exhibition view: the artist hanging his sculpture *Darkness fire* and *Ti ho desiderata tanto parti II* (4k adapted format video of the extraction of a the body of a concrete Statue of Freedom with no head, spotted in Sigonella close to Catania), 2021 p. E. Andreato

pg. 30 g. olmo stuppia *Untitled* (ghost phantom during the pandemic), framed pictures on matt fabriano, finger paint with blu ink, paper 102x73cm, 2021; p. D. Bollarini

pg. 31 g. olmo stuppia, *Untitled II* (Désolé landed in Venice) concrete head of statue of freedom founded in Sigonella (Catania), earth, cow skin, head 57x29x30cm, various sizes

2021 p. E. Andreato

pp. 32 - 33 g. olmo stuppia, *Portrait of Armando Bozzola* (immersive room about the life of a local outsider painter with tools, brushes, frame materials and site specific video) 2021, p.

D. Pollarini

pp. 34-35 g. olmo stuppia, *Darkness fire* and exhibition view at Sparc, 2021 p. E. Andreato pp. 36-37 g. olmo stuppia, entrance at exhibition (*Darkness fire candelabra* and *Cazzetti silver sculptures* 2021, p. E. Andreato , p. D. Pollarini

pp. 38 g. olmo stuppia, *Untitled III* (Portrait of Giusti Brunato - wood boat puppet, inflatable swimming pool, lagoon water, lamp , video interview looped in 4k, Giudecca island) p. E. Andreato

pp. 39 g. olmo stuppia, *Darkness fire (cazzetti)*, site specific silver sculptures and other materials, 10x3x4cm ca, iphone with loop rap freestyle by the artist on a losted love, 2021 p. E. Andreato

pg. 40 g. olmo stuppia, *Portrait of Giusti Brunato* (immersive room with a swimming pool, a boat puppet donated to the artist from the old retired taxi driver, video hd, loop), 2021 p. E. Andreato

pg. 41 g. olmo stuppia, *Portrait of Armando Bozzola* (immersive room about the life of a local outsider painter with tools, brushes, frame materials and site specific video) 2021, p.

D. Pollarini

Still from video

pp. 44-45 g. olmo stuppia, still from video *Ti ho desiderata tanto* (video documenting the extraction of a Statue of Freedom with no head, spotted in Sigonella close to Catania, Sicily SS16km - Gela ; video color 4K 5':36» - the Supplice of Euripide is readed in loop as soundtrack in ancient greek by Eva Andreato - finalist at Etherea Art Prize Genova) 2021, p. E. Andreato

pp. 46-47 g. olmo stuppia, still from video *Portrait of Armando Bozzola* (an outsider painter from Venice popular district of Santa Marta who face the Resistance and german emigration) and *Portrait of Giusti Brunato* (a retired old boat taxidriver who drove Valentina Tereškova, Nikita Krusciov, Ronald Reagan among others).

Testi curatoriali

Attorno alla Tenebra
Francesca Giubilei, Luca Berta

In italiano i due termini “buio” e “tenebra” hanno temperature emotive differenti. Il buio può essere la semplice assenza di luce – la tenebra proietta già, in quell’assenza, una minaccia latente. I bambini hanno paura del buio, ma tutti hanno paura della tenebra, da dovunque essa eserciti la sua pressione.

La radura di luce che ciascuno cerca di rischiarare attorno a sé, e attorno alla soglia impalpabile del presente, si è forse assottigliata per tanti in questi mesi faticosi. Toccare con mano il dolore ci costringe a fare un passo indietro, a scartare di lato, e talvolta si scorge l’insensatezza del frenetico affaticarsi mio, tuo, di tutti. Quando la tenebra spinge a fondo le sue onde, dalla risacca emerge l’assurdo. Per alcuni vale il mito, in tutti i suoi sensi, dell’uomo in rivolta come ce lo ha consegnato Albert Camus. Continuare ad agire anche se questo non scalfisce la superficie sorda dell’insensatezza. Ficcare gli occhi nell’abisso, ripensando a Nietzsche. Ma ha dunque senso fare arte?

Fare una mostra che si intitola *Tenebra*? È solo un gesto di resistenza, o forse almeno rischiara il bordo della tenebra vista con occhi altrui?

Una vecchia statua della libertà in cemento, un tempo decorazione di un drive-in abbandonato nella campagna siciliana, riscattata dall’oblio in un’azione notturna. Delle piccole sculture in argento, metallo prezioso e simbolico, minuscoli appigli per aggrappare i corpi quando la vista non può assoggettare ciò che è fuori di me. Due uomini anziani, che danno del tu senza infingimenti o distrazioni a quella tenebra che ha nome morte, vivendo la memoria e dedicandosi a quello che hanno stabilito importare davvero. Un raggio di luce, forse, un segnale, una traccia, un tracciante nel buio, una specie di festa. Forse. La tenebra è qualcosa che g. olmo stuppia pare voler incorporare deliberatamente nella sua pratica, lasciandola agire tra abbozzi di progetto, conversazioni, ripensamenti, silenzi e accelerazioni, piani di mostra e nuove ispirazioni, letture, dichiarazioni, aspirazioni, prese di posizione. Sarebbe assurdo, in definitiva, se un artista si occupasse di altro.

Around Darkness

Francesca Giubilei, Luca Berta

In Italian, the two terms "buio" and "tenebra" have different emotional temperatures. Darkness can be the simple absence of light - tenebra already projects, in that absence, a latent threat. Children are afraid of the dark, but everyone is afraid of darkness, wherever it exerts its pressure.

The glade of light that everyone tries to illuminate around themselves, and around the impalpable threshold of the present, has perhaps been thinned for many in these tiring months. Touching pain with our own hands forces us to take a step backwards, to step to one side, and sometimes we can see the meaninglessness of my, your and everyone's frantic efforts. When darkness pushes its waves deep, the absurd emerges from the undertow. For some, the myth, in all its senses, of the man in revolt, as given to us by Albert Camus, applies. Continuing to act even if this does not scratch the deaf surface of meaninglessness. Poking our eyes into the abyss, thinking back to Nietzsche. But does it make sense to make art? To have an exhibition entitled *Tenebra*? Is it just a gesture of resistance, or does it at least illuminate the edge of darkness as seen through the eyes of others?

An old concrete Statue of Liberty, which once adorned an abandoned drive-in in the Sicilian countryside, is rescued from oblivion in a nocturnal action. Small sculptures in silver, a precious and symbolic metal, tiny grips to hold onto bodies when sight cannot subdue what is outside. Two elderly men, who use the "tu" form, without hypocrisy or distraction, with that darkness that has the name of death, living memory and dedicating themselves to what they have established as truly important. A ray of light, perhaps, a signal, a trace, a tracer in the darkness, a kind of party. Perhaps. Darkness is something that g. olmo stuppia seems to want to deliberately incorporate into his practice, letting it operate between project sketches, conversations, rethinks, silences and accelerations, exhibition plans and new inspirations, readings, declarations, aspirations, stances. Ultimately, it would be absurd for an artist to be occupied with anything else.

L'olmo secondo il gelsomino
Yasmine Helou

Antropologo dell'oblio, archeologo dell'ignoto, alchimista di sogni e guerriero di ricordi passati, presenti e futuri, g. olmo stuppia lotta ferocemente per le sue convinzioni, e se non siete d'accordo... problema vostro. Né il pubblico, né l'ora o il luogo importano, g. olmo stuppia rimane uguale a sé stesso, un immutabile romantico rivoluzionario, sempre pronto ad eruttare.

Artista multimediale italiano, con una forte predilezione per i vocaboli francesi, soprattutto quelli di Foucault e Debord, è un *mix* di ambizione e della laboriosità tipica di Milano, città dove ha passato la maggior parte della sua vita, del realismo terra terra Siciliano, da dove la sua famiglia è originaria, e dell'indolente e misterioso romanticismo di Venezia, dove attualmente vive.

In questo senso, la sua Opera, la sua ricerca, da *Cassata Drone Expanded Archive*, a *Per Fiori Agli Altari e Noia*, solo per citarne alcune, sembrano macchiate da una specie di patina poetica, nella quale semantica e simbolismo sono chiave, miscelando nostalgia con determinazione, spontaneità con storia, cimeli con creazione. Sottolineando in modo incredibilmente sfrontato, irriverente, e tuttavia estremamente erotici diversi temi e questioni sociopolitiche, ossia il femminismo, la morte, la guerra, il potere militare, il *brainwashing*, la borghesia e l'apatia culturale.

Più di una pratica artistica "*engagée*", si tratta di uno straordinario sforzo personale per esprimere emozioni intime e forti opinioni, g. olmo stuppia è il suo lavoro, e il suo lavoro è lui. Basta pensare a *Nuovi Bruchi*, "un'installazione-mostra-residenza", in cui ha invaso una suite di un albergo sul Canal

Grande, vivendo, creando ed esponendo il suo universo di creazione, costruendo un vero e proprio viaggio nel suo mondo, nel suo cervello..., prova definitiva della totale inesistenza di frontiere e limiti tra la sua vita e il suo Lavoro.

Resiliente, e per certi versi inarrestabile, g. olmo stuppia è animato da convinzioni, desideri, tenacia determinazione e probabilmente anche da un barlume di speranza... Speranza di poter sistemare ciò che condanna e disprezza, con poesia, magia e fervore.

Crea attraverso le sue installazioni, video, fotografie, sculture, collage, oggetti ritrovati e ready made... intense esperienze e inebrianti emozioni, forgiando particolari atmosfere mistiche, che spesso evocano simultaneamente riti sacri, e tradizioni secolari.

Affondando le sue radici nelle esperienze, storie e altri aneddoti intimi e personali, la sua Opera esamina le correlazioni e i rapporti di causalità tra società, Storia(e), e individui.

Tuffandosi in *Cassata Drone Expanded Archive*, menzionato prima, è impossibile dissociare l'iniziativa dal suo ideatore. Questo progetto estremamente impegnativo, immaginato sul lungo termine coinvolge artisti internazionali, curatori, istituzioni e collaborazioni multiple operando nel panorama siciliano, e non solo.

Entità poliforme, *Cassata Drone* accoglie e organizza un programma di residenza, ispira performances come *Archéologie du Futur*, presentata all'Institut National d'Histoire de l'Art a Parigi, e mostre quale *Désolé*, esplorando in modo incredibilmente immersivo il territorio siciliano e la sua storia di militarizzazione.

g. olmo stuppia lavora all'incrocio di presunti paradossi terminologici e concettuali riunendo la dolcezza singolare, ed in un certo qual modo, l'erotismo e la sensualità della Cassata, la famosa torta gelato siciliana, e l'amarezza brutale dell'innovazione armata, attraverso l'immagine del Drone.

Un paradosso molto siciliano, dopo tutto.

g. olmo stuppia è un investigatore di ricordi, sensazioni e storie che tuttavia rimane profondamente radicato nel momento. Ciò che raccoglie, lo trasforma. Ciò che sente, lo esprime. Punto e a capo.

Full Stop
Yasmine Helou

Anthropologist of the forgotten, archaeologist of the unknown, alchemist of dreams and warrior of past, present, and future memories, g. olmo stuppia ferociously fights for his beliefs; you might disagree with him, but… that's your problem. No matter the audience, no matter the time or the place, he stays the same, an immutable romantic revolutionary, ready to erupt.

A multitasking Italian artist with a tendency for French words, especially those of Foucault and Debord, he is a blend of the ambition and hard work of Milan, where he lived most of his life, the earthy realism of Sicily, where his family is originally from, and the indolent and mysterious romanticism of Venice, where he currently lives.

In this way, his work and research, from *Cassata Drone Expanded Archive*, to *Per Fiori Agli Altari* and *Noia*, to name but a few, seem tainted with a poetic patina, where semantics and symbolism are key, mixing nostalgia with forwardness, spontaneity with History, mementoes with creation, and underlining in a very bold, irreverent, yet extremely erotic, way various sociopolitical topics such as feminism, death, war, military power, brainwashing, the bourgeoisie and cultural apathy.

More than a socially engaged practice, his is an incredibly personal effort to express intimate feelings and strong opinions: he is his work, and his work is him. His installation/exhibition/residency *Nuovi Bruchi*, where he stormed a hotel suite, living, creating and showcasing his universe of creation, making it a true journey into his world, into his brain, is the ultimate proof of the nonexistence of boundaries between his life and work.

Resilient and in some ways unstoppable, g. olmo stuppia is moved by convictions, desires, tenacious determination and probably a glimpse of hope that what he denounces can be fixed by poetry, magic and fervour. He creates through his installations, videos, photographs, sculptures, collages, found objects and ready-mades powerful experiences and striking emotions, building particular and mystical atmospheres, often echoing simultaneously sacred rites and secular customs. Based on emotions, experiences, stories and other personal and intimate anecdotes, his work questions the correlations between society, History(s) and individualities.

When diving into the aforementioned *Cassata Drone Expanded Archived*, mentioned earlier, it is impossible to dissociate the initiative from its creator. This challenging long-term project involves international artists, curators, institutions, and multiple collaborations operating within the Sicilian landscape, and more.

As a polyform entity, *Cassata Drone* hosts a residency program instigating performances such as *Archéologie du Future*, presented at the Institut de l'Histoire de l'Art in Paris, and exhibitions like *Désolé*, exploring in a truly immersive perspective the Sicilian territory and the history of its militarization.

g. olmo stuppia works at the crossroads of supposed terminological and conceptual paradoxes, bringing together the singular sweetness and in a way erotic and sensual image of the *Cassata*, a Sicilian ice cream cake,and the brutal bitterness of weaponized innovation through the symbol of the *Drone*.

A very Sicilian paradox after all.

g. olmo stuppia is an investigator of memories, feelings and stories who nonetheless remains deeply rooted in the moment. What he collects, he transforms. What he feels, he expresses. Full stop.

Avevamo ancora fame
Mattia Pajè

Il suono della campanella delle 13 ci trasformava in abitanti della città, o almeno così credevamo.

Le nostre tasche erano gonfie di adesivi e *markers*. Autoproduzione di *stickers* tondi in due misure, quelli piccoli plastificati, quelli grandi più tenaci, di carta, più fastidiosi per chiunque credeva che gli adesivi sono da rimuovere. I marker erano portati allo sfinimento, grattugiavamo le loro punte su qualsiasi superficie, ricaricandoli ripetutamente di Nero Inferno o Rasco.

Le nostre mani erano sempre sporche, soprattutto negli interstizi tra le unghie e le dita, dove l'inchiostro era difficile da pulire. Avevamo scoperto che le normali maniglie delle porte erano uno strumento utile per accedere alle cabine di guida della metropolitana: con un cacciavite si doveva svitare il supporto metallico dalla porta per accedere al foro di fissaggio della maniglia, che era già occupato da una barretta di acciaio quadrata. A quel punto bastava inserire la maniglia, rubata in precedenza dal bagno della scuola, mezzo giro e lo scrocco si abbassava, eravamo dentro.

Un piccolo spazio proibito e guadagnato con l'astuzia. Uno di quei pomeriggi eravamo più determinati del solito, forse ispirati dalle riviste. Avevamo solo un numero di *Taking Over*, ma alla terza pagina c'era un *bombing* di Lord Bean che era semplicemente perfetto, lo stile a cui anelavamo. Copiato subito. Le sue lettere si trasformavano nelle nostre su un lurido pezzo di carta, la bozza era pronta. L'acquisto del materiale era previsto per le ore 17:00 da Tofa, si andava anche solo per la speranza di incontrare i maestri, quelli che non sbagliavano mai.

Abbiamo optato per un semplice pienone di bianco e *outline* nero, partivamo dalla base come il cinema o la fotografia.

A mezzanotte le nostre cellule cromaffini della midollare del surrene secernevano adrenalina a fiotti, eravamo in strada.

Non immaginavamo che proprio quella sera avremmo preso il primo schiaffone, secco e perentorio, uno schiocco rimbombante.

Per quanto ne so, avevamo ancora fame

Still Hungry
Mattia Pajè

The sound of the bell at 1 p.m. turned us into city dwellers, or at least we thought so. Our pockets were bloated with stickers and markers. Self-production of round stickers in two sizes, the small plastic ones, the big ones more persistent, of paper, more annoying for anyone who believed that the stickers could be removed. The markers were worn out, we grated their ends on every surface we could, refilling them repeatedly with Nero Inferno or Rasco. Our hands were always dirty, especially in the gaps between the nails and fingers, where the ink was difficult to clean. We had discovered that normal door handles were a useful tool for accessing subway cabs: with a screwdriver you had to unscrew the metal support from the door to access the fixing hole of the handle, which was already occupied by a square steel bar. At that point it was enough to insert the handle, stolen earlier from the school bathroom, half a turn and the latch lowered, and we were inside.

A small forbidden space, breached with cunning.

One of those afternoons we were more determined than usual, maybe inspired by magazines. We had only one issue of Taking Over, but on the third page, there was a bombing by Lord Bean that was just perfect, the style we admired. Copied right away. His letters turned into ours on a filthy piece of paper, the draft was ready. The purchase of the material was planned for 5 p.m. from Tofa, you would go there even just in hope of meeting the Masters, those who never made mistakes.

We opted for a simple fill of white and a black outline, starting from the base like cinema or photography.

At midnight, the chromaffin cells of our adrenal medullas were in action, we were on the street.

We did not imagine that during that every evening we would take the first slap, dry and absolute, a rumbling snap.

As far as I know, we were still hungry.

Per Tenebra
Gabriele Tosi

Parlando di Nikolaj Gogol, Vladimir Nabokov notò che il collega scrittore gli dava la sensazione di un qualcosa di ridicolo e stellare al tempo stesso, richiamando alla mente che la differenza tra il lato comico delle cose e il loro lato cosmico dipenda da una sibilante. Penso che la ritualità della notte, con cui mi pare tu voglia ribellarti ai demoni della luce artificiale, custodisca proprio questa riserva di divertimenti.

Quando mi hai chiamato l'altro giorno, da un treno vicino a Milano, dove avevi recuperato la testa mozzata della libertà per esporla a Venezia, mi ricordavi di *Luccicanza*. Mi dicevi di come, anche noi di Localedue, la scorsa estate avevamo inteso la notte come un luogo 'diverso'; credo tu abbia usato la parola 'intimo'. Nell'appartarci, una di quelle notti, abbiamo litigato per ore - come si fa tra amici, ma fino alle mani perché quando si parla d'arte siamo davvero stupidi come tifosi- sull'opportunità del progetto. C'era chi sosteneva che la condizione di esporre a partire dal buio avesse costretto l'artista ad accettare un'ulteriore regola per mostrare il proprio lavoro (come se quelle che già esistono non fossero abbastanza) e c'era chi pensava che la luce dei musei e delle gallerie potesse essere ancor più condizionante e significante del buio stesso (che, invece, avrebbe favorito una percezione libera dal solito). La festa era già diventata un lavorio di cervelli, nessuno accettava di non darsi importanza e di stare con l'opera, che pure batteva un ritmo diverso.

Interrogarsi sulla luce, sulla sua resa, è d'altronde una nozione classica della storia dell'arte occidentale, ce l'abbiamo nel sangue. La polarità tra chiarezza assoluta e chiarezza relativa è, per nominare uno che avete citato anche voi (ho letto il suo nome nel foglio di sala), uno dei cinque concetti fondamentali con cui Heinrich Wölfflin elaborò il suo tentativo di una storia dell'arte sistematica. Secondo le teorie dello storico svizzero il rinascimento, ad esempio, ama essere leggibile in ogni sua parte; il barocco, invece, preferisce nascondere la forma, lasciare intendere nel 'non pienamente visibile'. Pur ammettendo che è impresa difficile (e forse fanatica) traghettare la teoria della storia dell'arte classica nella contemporaneità, penso sarebbe divertente domandare a Wölfflin delle immagini di oggi, della condizione di retroilluminazione tipica della contemporaneità.

Rileggendo dopo anni qualche passaggio del suo "sistema", ma con la mente impegnata sui tuoi candelabri-monumento, mi viene in mente che certamente è stata scritta una poetica della visione notturna, mi piacerebbe leggerla. Immagino inizierebbe con i motivi per cui sarebbe bello rinunciare (ancora una volta) alla comodità della previsione spaziale abbracciando i vantaggi di immergersi nella realtà quando l'illuminazione, la ragione tecnologica, non è diffusa; quando non c'è campo. Solo in quest'accezione, infatti, la posizione dell'uomo perderebbe di connessione immanente, aprendo all'accoglienza di una spettralità alternativa che, secondo molti, è una condizione propria del fenomeno percettivo.

Io sono un umile curatore, e non me la sento di spingermi in speculazioni sul valore assoluto della spettralità. Ma, nel tuo caso (e per quel poco che ti conosco), credo riguardi il confine delle identità, il potere, la guerra. La battaglia personale che sembri combattere quando tenti, a forza e a testa bassa, di trapiantare nel presente certe anime che sembrano già dannate. Mi domando, e ti domando, se le identità che il tuo lavoro d'artista sta testimoniando siano proprio come fantasmi. Come se noi stessi fossimo emersi dalle teche di un museo all'orario di chiusura e ora dovessimo riconoscerci. Ecco qui, forse, il realismo comico di Gogol.

For Darkness
Gabriele Tosi

Speaking of Nikolaj Gogol, Vladimir Nabokov noted that his fellow writer gave him the feeling of something ridiculous and stellar at the same time, calling to mind that the difference between the comic side of things and their cosmic side depends on a hissing sound. I think that the rituality of the night, with which you seem to want to rebel against the demons of artificial light, holds this very reserve of amusement.

When you called me the other day from a train near Milan, where you had retrieved the severed head of liberty to exhibit it in Venice, you reminded me of *Luccicanza*. You were telling me how, last summer, we too at Localedue had understood the night as a 'different' place; I think you used the word "intimate".

On one of those nights, when we were apart, we argued for hours – as one does among friends, but to the point of fighting, because when it comes to art, we are really stupid as hooligans – about the appropriateness of the project. There were those who argued that the condition of exhibiting in the dark would force the artist to accept a further rule in exhibiting his work (as if those that already existed were not enough) and there were those who thought that the light of museums and galleries could be even more conditioning and significant than the dark itself (which, instead, would favour a perception free from the 'usual'). The party had already become a work of the brain; no one accepted not to give themselves importance and to stay with the work, which also beat a different rhythm.

The questioning of light and its rendering is a classic notion in the history of Western art. The polarity between absolute clarity and relative clarity is, to name one of the people you mentioned (I read his name on the hall leaflet), one of the five fundamental concepts with which Heinrich Wölfflin developed his attempt at a systematic art history. According to the Swiss historian's theories, the Renaissance, for example, likes to be legible in all its parts; the Baroque, on the other hand, prefers to conceal the form, to leave an impression of the 'not fully visible'. While admitting that it is a difficult (and perhaps fanatical) task to bring the theory of classical art history into the contemporary world, I think it would be amusing to ask Wölfflin about today's images, about the backlit condition typical of the contemporary world.

Rereading some passages of his "system" after years, but with my mind full of your monumental candelabras, it occurs to me that a poetics of night vision has certainly been written, and that I would like to read it. I imagine it would begin with the reasons why it would be good to renounce (once again) the comfort of spatial foresight by embracing the advantages of immersing oneself in reality when illumination, for technological reasons, is not widespread, when there is no field of vision. Only in this sense, in fact, would man's position lose its immanent connection, opening to the reception of an alternative spectrality that, according to many, is a condition proper to the phenomenon of perception.

I am a humble curator, and I do not feel like speculating on the absolute value of spectrality. But, in your case (and for the little I know of you), I think it is about the boundary of identities, power, war. The personal battle you seem to be fighting when you try, by force and with your head down, to transplant into the present certain souls that already seem damned. I wonder, and I ask you, if the identities that your work as an artist is testifying to are just like ghosts, as if we ourselves had emerged from the display cases of a museum at closing time and now had to recognize ourselves. Here, perhaps, is Gogol's comic realism.

Il rito del gos

Maria Abramenko

Lux in tenebris, l'ho scritto una volta sul mio polso. Tenebra è una parola dai molteplici significati. Fa rabbrividire ed è scomoda da leggere, pronunciare o semplicemente da pensare. La tenebra è l'ombra più scura. L'ombra di un uomo – i suoi lati oscuri e illuminati allo stesso tempo che dominano l'emozione e la logica.

Seguo il lavoro di Olmo da molto tempo, sempre con grande ammirazione. Egli è, ed è sempre stato, quello che noi chiamiamo "fuori controllo" nella sua pratica. Alla costante ricerca dell'equità nella sua espressione estrema, per essere ascoltato in modo provocatorio e talvolta conflittuale. Questa ambizione contraddistingue questo artista e affina la sua pratica.

Questa volta (dopo il suo progetto *Cassata Drone* e durante Manifesta 12 seguito da Desolé) l'installazione site specific di Olmo allo SPARC* è composta da alcuni elementi familiari allo spettatore dai lavori precedenti. *Tenebra* è un altro atto di visione anticapitalistica dell'artista. Una metamorfosi di umanità disumana.

Tenebra vuole riportarci alla razionalità e aiutarci a riflettere sulla nostra esistenza, evolvendo e coinvolgendo la terra dove Brodskij e Stravinskij hanno lasciato il loro segno nell'umida oscurità tra la sua bellezza e i canali sporchi.

The Rite of gos

Maria Abramenko

Lux in tenebris, I once wrote this on my wrist. Tenebra is a word of several meanings. It makes one shiver and it is uncomfortable to read, pronounce or simply think of it. Tenebra is the darkest shadow. A man's shadow - both his obscure and illuminated sides that rule over his emotion and logic.

I have followed Olmo's practice for a long time, always with extraordinary admiration. He is, and has always been, what we call out of "control" in his practice. In constant search of equity in its extreme expression, to be heard in a provocative and sometimes confrontational way. This ambition sets this artist apart and sharpens his practice.

This time (after his *Cassata Drone* project during Manifesta 12, followed by *Desolé)* Olmo's site specific installation at SPARC* is made of some elements familiar to the viewer from earlier works. *Tenebra* is another act of anti-capitalistic vision by the artist. A metamorphosis of inhuman humanity.

Tenebra wants to bring us back to rationality and to help us reflect on our existence, evolving and engaging the land where Brodskij and Stravinskij left their mark in humid darkness somewhere between its beauty and the dirty canals.

Spazi mentali di questa Venezia deserta
Yvannoé Kruger

In questi tempi difficili e caratterizzati dall'introspezione e dalle esperienze interiori, la narrazione proposta da g. olmo stuppia ci invita ad immergerci nel buio e nella solitudine.

Quali progetti, opere d'arte, immaginiamo chiusi tra quattro mura? Cosa ricordiamo della nostra fuga notturna su una barca durante il *lockdown*?

Come può g. olmo stuppia aiutarci a capire e vivere questa nuova quotidianità mostrando la sua prospettiva in sole quattro stanze?

In questa mostra, g. olmo stuppia non parla mai apertamente dell'isolamento o della pandemia; ciononostante, ad ogni angolo, la presenza dell'oscurità emerge alle sue opere. La realtà e il sentimento intorno alla pandemia ricordano i pensieri di Picasso sulla guerra del 1936-39 in Spagna: parlando della consapevolezza della guerra in corso, ha dichiarato: «Non ho dipinto la guerra, perché non sono il tipo di pittore che va, come un fotografo, alla ricerca di un soggetto. Ma non c'è dubbio che la guerra esiste nei quadri che ho fatto allora!».

La mostra ci guida attraverso il concetto stesso di oscurità, mostrandoci diversi modi con cui confrontarci con essa, e permettendoci, infine, di farla nostra.

La mostra mette a confronto tra loro personaggi speculari: l'artista stesso, un pittore romantico, un tassista di personaggi famosi e una Statua della Libertà decapitata. In questo modo *Tenebra* cerca di creare un dialogo estetico tra paradigmi costruiti attraverso tonalità dissociate. Predicando delle sequenze tematiche in cui il messaggio espositivo viaggia su tre livelli: -1°) un video racconto dell'artista 2°) "parole dell'insider", 3°) un discorso dell'amico pittore-. In questo modo, la mostra propone un approccio esaustivo a tutto ciò che è legato alla questione su quale influenza esiste tra la solitudine dell'artista e la manifestazione di questa "oscura nullità".

Attraverso diversi attori e mezzi, l'artista ci porta nelle profondità dello *Stige*, ai confini dei nostri spazi mentali solitari in una Venezia deserta.

Mental spaces of this deserted Venice

Yvannoé Kruger

During these hard times, characterized by an inclination to self-introspection and inner experiences, the journey proposed by g. olmo stuppia invites us to explore the dimension of darkness and solitude.

What projects, works of art, do we imagine locked within four walls? What do we remember of our nocturnal flight on a boat during lockdown?

How can g. olmo stuppia helps us to understand and live this new daily life by revealing his perspective in only four rooms?

In this exhibition, g. olmo stuppia never talks about the lockdown or the pandemic directly; nonetheless, one can constantly feel the presence of darkness among his works. The reality and the feeling around the pandemic resemble Picasso's thoughts on the 1936-39 war in Spain: talking about the awareness of the happening war, he declared: "I did not paint the war, because I am not the kind of painter who goes, like a photographer in search of a subject. But there's no doubt about the war existing in the pictures I did at the time!".

The exhibition walks us through the notion of darkness, showing us different ways of negotiating with it and of capturing it.

By assembling complementary characters (the artist g. olmo stuppia, a romantic painter, a water taxi driver to the stars and a decapitated Statue of Liberty), the exhibition *Tenebra* attempts to create an aesthetic dialogue between paradigms built on dissociated tonalities.

Preaching thematic sequences in which a tripartite cut-out predominates -1°) a video portraitist's work by the artist 2°) "insider's words", 3°) artist's "speech" -, the exhibition proposes an exhaustive approach to everything that is related to the question of what influence exists between the artist's solitude and the manifestation of this "dark nothingness".

Through these different actors and mediums, the artist takes us into the depths of the *Styx*, to the boundaries of our lonely mental spaces in this deserted Venice.

Le tenebre ai tempi della luce elettrica
Salomé Burstein

Cosa resta dell'oscurità nel regno dei neon e della luce elettrica? E dove dovremmo soffermarci se non c'è alcuna ombra? Entrare nell'appartamento del pittore, l'acqua fresca di una piscina di plastica, salire le scale di uno spazio espositivo veneziano. Fate attenzione alle lampadine ai vostri piedi; alle candele solitarie che vi scaldano le caviglie mentre attraversate le stanze. Sarete ricevuti da strati di lingue diverse. Vi raccontano aneddoti arcaici e leggende intime. *Tenebra* vi accoglie dove le storie vengono sussurrate. Orchestra la decapitazione di grandi uomini dietro pareti poco illuminate.

g. olmo stuppia cerca quegli angoli dove sono custodite le ombre, dove sono seppelliti gli spettri. Tira fuori l'oscurità dalla caverna e la trascina nel bagagliaio, lasciandole macchiare la pelle del sedile posteriore. Di fronte alla sua macchina fotografica, le statue perdono la testa. Viaggiano attraverso i margini di una città sommersa - inosservate, disfatte. Eppure, le loro voci risuonano dalla scala all'ingresso fino al lungomare. Stuppia cattura ciò che è comunemente nascosto mentre qualcosa rimane nascosto nelle sue immagini. Padroneggia l'arte della sparizione e della mimesi. È come se le cose crescessero nel mistero mentre vengono portate alla luce. Che si tratti di tele dimenticate, fari o taxi galleggianti, ci indica in quale direzione dovremmo guardare. È possibile sentirlo popolare questi spazi vuoti, cercando quei tesori ancora da scovare.

Darkness in the time of flashlights
Salomé Burstein

What is left of darkness in the realm of neon and flashlights? And where must we dwell if there's no dimming? Enter a painter's apartment, the cool water of a plastic pool, climb up the stairs of a Venetian exhibition space. Look out for the lightbulbs that might be lying at your feet, for the lonesome candles warming your ankles as you walk through the rooms. You are greeted by layers of different tongues. They tell you archaic anecdotes and intimate legends. *Tenebra* welcomes us where stories are left to be whispered. It orchestrates the beheading of big men behind ill-lit walls.

g. olmo stuppia seeks for those corners where shadows are kept, where spectres are buried. He pulls darkness out of the cave and into the trunk, letting it stain the backseat leather. Facing his camera, statues become headless. They travel through the edges of a sunken city - unnoticed, undone. Yet their voices resonate through the staircase, all the way down to the waterfront. Stuppia captures what is commonly hiding, while something remains hidden in his images. He masters the craft of disappearance. It's as if things grow in mystery as they are being dug up. Whether forgotten canvases, headlights, and floating taxis, he points to where we should look. You can feel him populating these empty spaces, searching for what treasures are still to excavate.

Queste non chiare parole volgo a voi
Luca Gennati

Non saprei dire da dove nasca questa propensione all'oscurità, sarà quella luce che solo una certa energia riesce a far battere sulle parole. Forse lì appare quella zona d'ombra e vien voglia di guardarci. Si potrebbe parlare di vaghezza o di non detto: qui si gioca la narrazione e la conoscenza di un'altra vita, di un'altra storia. Parole precise che sgranano via via nuovi dettagli, parole illuminate, appunto, che lasciano cadere altre ombre.

In queste frasi di oscurità ce n'è, ma vi è trattenuta quella stessa energia di cui parlano. Non saprei dire dove nasca questa propensione all'oscurità, forse da una certa ambiguità. Come se non si riuscisse mai a capire se quel capo chinato sia un atto di umiltà o un cenno di sfida. Il famoso passo indietro che potrebbe avere l'intenzione di una rincorsa.

E allora vedi lavar piedi, scaldare l'acqua per il bagno di una voce, versare un altro calice tra chiacchiere accese e fritture. Vedi anche una tesa lotta, la decapitazione di un simbolo di falsa libertà, il vendicativo rapimento di un corpo che fa morti indiscriminati e tortura i prigionieri contro i suoi stessi trattati. A volte invece una romantica malinconia del passato, ricoperta però da parolacce e sputi in faccia, da caffè e vaffanculo.

Un'espressività sul limite dello schiaffo e dell'abbraccio, comunque sempre scomoda. La vita e la politica sono contemporaneamente raccontate con realismo e inaspettato lirismo. Per chi si riuniscono le donne di Argo? All'altare di quale divinità o nazione si recano per supplicare aiuto? Una degna sepoltura rende parlante pure il cemento, a chi tocca la prossima storia? Chi guarderà il prossimo atto di rivoluzione?

Sono parole sia per l'artista g. olmo stuppia sia per Olmo e basta. Vien voglia di guardare l'altra pagina, voltarla, lo sai, farà ombra.

These unclear words I address to you
Luca Gennati

I don't know where this propensity for darkness comes from; it must be that light that only a certain energy can make words beat. Perhaps that shadowy area appears there and makes you want to look. One could speak of vagueness or of the unspoken: here is the narrative and the knowledge of another life, another story. Precise words that gradually reveal new details, illuminated words that let other shadows fall. There is darkness in these sentences, but the same energy of which they speak is held there. I do not know where this propensity for obscurity comes from, perhaps from a certain ambiguity. As if you can never tell whether that bowed head is an act of humility or a nod of defiance.

The famous step backwards that might be the precursor to a run-up.

And then you see feet being washed, water being heated for a voice bath, another glass being poured amidst heated chatter and frying. You also see a tense struggle, the decapitation of a symbol of false freedom, the vengeful abduction of a body that kills indiscriminately and tortures prisoners in contravention of its own treaties. Occasionally, there is a romantic melancholy of the past, covered, however, by swearing and spitting in the face, by coffee and assholes.

An expressiveness on the brink of the slap and the embrace, but always uncomfortable. Life and politics are simultaneously told with realism and unexpected lyricism. For whom do the women of Argos gather? To the altar of which deity or nation do they go to beg for help? A dignified burial makes even concrete speak, so who gets the next story? Who will watch the next act of revolution? These are words for both the artist g. olmo stuppia and Olmo. It makes you want to look at the next page, turn it over; you know it will cast a shadow.

La condizione
Giacomo Pigliapoco

La condizione di buio avviene nel momento in cui la luce risulta insufficiente per definire un oggetto e si oppone a quella di massima luminosità, dove i raggi di luce schiacciano i corpi e li immobilizzano sotto il loro potere sovrano.

Luce solare, luce divina, luce dell'intelletto, luce della ragione, luce della verità, mettere in luce, dare alla luce...Vaste e differenti le espressioni e i significati che storicamente sono stati accostati alla lucentezza.

D'altro canto, il buio non è solo oscurità, notte, ombra, inquietudine, indecifrabilità, enigma e spiriti ultraterreni: è soprattutto buio salvifico, zona di sperimentazione e di massima libertà dove muoversi e continuare a essere corpo. Questo è l'aspetto che g. olmo stuppia manifesta in *Tenebra*.

I lavori che compongono la mostra non sono manufatti definiti e fini a loro stessi, bensì elementi incarnati in cui il tempo si disattiva e prende profondità. Le pratiche dell'artista - che si sommano a quelle a lui affiancate - e il senso di rallentamento diffusi possono diventare esperienze curative per la persona ospitata.

Orientarsi nello spazio non è semplice per l'atmosfera di semioscurità scelta da Stuppia, ma è reso possibile tramite gli accenni luminosi di fievoli fiammelle che sbucano dalla pavimentazione. La visibilità è incerta a favore dei momenti esperienziali di redenzione - video, fotografie, dipinti e sculture - che liberano i corpi e trattengono gli oggetti nel profondo delle tenebre.

The condition
Giacomo Pigliapoco

The condition of darkness occurs when light is insufficient to define an object and is opposed to that of maximum luminosity, where the rays of light crush bodies and immobilize them under their sovereign power.

Sunlight, divine light, light of the intellect, light of reason, light of truth, bringing to light, giving to light... There are many expressions and meanings that have historically been associated with brilliance.

On the other hand, darkness is not only obscurity, night, shadow, disquiet, indecipherability, enigma and otherworldly spirits: it is above all salvific darkness, a zone of experimentation and maximum freedom in which to move and continue to be a body. This is the aspect that g. olmo stuppia manifests in *Tenebra*.

The works that make up the exhibition are not defined artefacts and ends in themselves, but embodied elements in which time is deactivated and takes on depth. The artist's practices – which add up to those alongside him – and the sense of slowing down diffused can become curative experiences for the host. Orienting oneself in the space is not easy because of the semi-darkness chosen by Stuppia, but it is made possible by the luminous hints of faint flames emerging from the floor. Visibility is uncertain, in favour of experiential moments of redemption – videos, photographs, paintings, and sculptures – which free bodies and hold objects in the depths of darkness.

L’innocenza della Tenebra
Mirko Pajè

«BADAMBAH!» questo era l’urlo che con le braccia tese, gli occhi spalancati e camminata da robot, urlavo all’artista multimediale g. olmo stuppia...bambino, che insieme a Mattia, mio figlio, scappava a nascondersi, con la voglia di farsi trovare e provare quell’eccitazione tra terrore e divertimento che si prova nell’essere scovati da un mostro sì terrificante, ma innocuo.

La voglia di provocare per superare, andare oltre le proprie paure, specialmente se condivise da altri, al fine di esorcizzare il sentire comune, e raggiungerne uno proprio, salvifico, da condividere nuovamente.

Ho sempre seguito il percorso di Olmo persona, di Olmo artista, ed ho sempre constatato la sua voglia di superare le convenzioni, partendo dal pensiero che diventa azione, provocazione, reazione inevitabile. Le sue istallazioni sono sempre crude, posate nel luogo scelto, interagiscono con esso, mantenendolo sempre riconoscibile, senza indugiare nell’estetica formale, senza compiacimento immaginativo o installativo, senza volontà di convincimento alcuno.

«Questo è quanto. Fattelo bastare, perché per me, basta e avanza», pare dica ogni sua opera, costringendoti ad attivare il pensiero immaginifico per entrare in sintonia con ciò che stai vivendo nell’istante medesimo.

Nulla abbaglia, nulla è in luce piena, tutto assolve dall’ombra a rammentarti che è nell’ombra che spalanchi gli occhi e diventi più vigile e attento, diventi più sensibile. Quando ti accendono i riflettori, istintivamente ti porti le mani a coprirti gli occhi. Gli altri vedono la tua superficie, che la luce illumina, ma che non racconta niente di te vero, e tu non vedi più gli altri, anche quando togli le mani, abbagliato dalla luce dei fari che ti compiacevi avere addosso. Questo è lo spettacolo.

Poi le luci si spengono. Ed è *Tenebra*.

Ma la tenebra non fa paura, se non sei assoggettato alla luce, può divenire ombra conoscibile e conosciuta.

Basta solo farsi scoprire dal mostro, e capire che è innocuo.

Young darkness
Mirko Pajè

"BADAMBAH!" This was the cry that, with stretched arms, wide-open eyes, and a robot's walk, I screamed at the multimedia artist g. olmo stuppia, the child who, together with my son Mattia, used to run away to hide, with the desire to be found and feel that excitement between fear and fun that one feels in being found by such a terrifying but harmless monster.

The desire to provoke to overcome, to go beyond our fears, especially if shared by others, in order to exorcise the common feeling and reach one's own, redeeming and shareable.

Following the path of Olmo as a person and Olmo as an artist, I always noticed his will to overcome the conventional, starting from the thought that is transformed into actions, provocations, and inevitable reactions. His installations are always raw, laid in the chosen place and interacting with it, identifying it, without lingering in the formal aesthetics, without imaginative or installative appreciation, without any desire to persuade anyone.

"That's all. Make it count, because for me it's more than enough": this is what each of his works seem to be saying, forcing you to activate the imagination to get in tune with what you're experiencing in that very moment.

Nothing dazzles, nothing is in full light, everything emerges from the shadows to remind you that in the shadows you open your eyes wider and become more attentive, more sensitive. When the lights turn on, you instinctively cover the eyes with your hands. Others see your surface brightened by the light, but it doesn't tell any truth, and you don't see the others, even when dropping your hands, dazzled by the gleam that you were pleased to feel. This is a performance.

Then the lights turn off. And there comes *Tenebra* (Darkness).

But the darkness is not frightening: if you are not enslaved by the light, it becomes a knowable and known shadow.

You just need to be found by the monster and understand that it is harmless.

Qualche gradino
Eleonora Ambrosini

Qualche gradino mi separa da una testa caduta, la solitaria che da vicino ode l'irrefrenabile litania greca a motivo del proprio destino. Agli estremi due personaggi scovati portano a narrazione le proprie vite, sembrano rincorrersi mentre assisto a scenari che giacciono in uno stato di quiete apparente. Le fragranze mi si stringono addosso e contribuiscono al dispiegarsi di un ritmo rarefatto che avanza; via via si affievoliscono i bagliori delle candele fino a rendere insufficienti le attività dei dispositivi.

Le opere di g. olmo stuppia chiedono di restare, di soffermarsi negli istanti che succedono la luce e condividere i frammenti prossimi all'oscurità. In questo contesto le tenebre si coltivano a stretto contatto, si sta e si agisce in quell'attimo di passaggio sublime che porta alla continua ricerca della tenebra, elemento attivo e vitale e del piacere che ne deriva: in principio anche il fiore più bello è un seme covato al buio.

Quindi resta, rimani, per godere della luce cura prima le tenebre.

A few steps

Eleonora Ambrosini

A few steps separate me from a fallen head, the only one to hear from up close the irrepressible Greek litany of her destiny. At the extremes, two undiscovered characters bring their lives into narrative, seeming to chase each other as I witness scenarios that lie in a state of apparent stillness. The fragrances cling to me and contribute to the unfolding of a rarefied rhythm that advances; gradually the glow of the candles fades until the flickering of the devices become insufficient.

g. olmo stuppia's works ask us to stay, to pause in the moments that follow the light and share the fragments that are close to darkness. In this context, darkness is cultivated in close contact; we remain and act in that moment of sublime passage that leads to the continuous search for darkness, an active and vital element, and the pleasure derived from it: in the beginning, even the most beautiful flower is a seed hatched in the dark.

So stay, linger, to take pleasure in the light cure the darkness first

Con il favore delle tenebre
Saverio Bonato

I lavori di g. olmo stuppia lavorano con il favore delle tenebre e la luce del sole ne è tenuta al di fuori. Solo le luci di fievoli fiammelle di candele, delle proiezioni video e il riflesso di una torcia di un telefono fanno da tramite con le vite, così vicine e lontane, di un tassista e di un pittore veneziano. Due figure agli estremi delle sale che raccontano di un mondo che ritroviamo echeggiare nella testa decapitata della Statua della Libertà e del suo corpo caricato a forza accompagnato da una litania greca.

Un senso di solitudine e smarrimento pervade le sale, l'acqua ristagna nella piscina gonfiabile e il cavalletto è pronto all'uso.

Tutto ci risulta immobile, la fiamma si spegne.

In favour of darkness
Saverio Bonato

g. olmo stuppia's works operate under the cover of darkness and sunlight is kept out. Only the lights of dim candle flames, video projections and the reflection of a telephone torch act as an intermediary between the lives, so near and so far, of a taxi driver and a Venetian painter. Two figures at either end of the rooms tell of a world echoed in the decapitated head of the Statue of Liberty and its forcibly abducted body accompanied by a Greek litany.

A sense of loneliness and bewilderment pervades the rooms, the water stagnates in the inflatable pool and the easel is ready for use.

Everything seems motionless, the flame goes out.

Anamnesi processuale
Giuseppe Amedeo Arnesano

Torino, 27.02.21

Lento è l'incedere rituale nel quale si è gradualmente accolti, accompagnati in una semioscurità che caratterizza non solo un luogo, ma soprattutto il tempo a nostra disposizione. Leggiamo una narrazione inedita e critica sul presente e introversa nei confronti della laguna, in un atteggiamento visivo e percettivo che condanna e fa riflettere sull'uso di quella ragione teoretica e sul comportamento pratico dell'uomo.

Tenebra è il titolo della mostra attraverso la quale g. olmo stuppia coniuga, con un singolare linguaggio dal valore plurale e un'intensa ricerca espressiva di gusto alchemico, quel limite mobile tra arte e vita immaginato come un processo evocativo e architettonico di natura composita, dove s'apprende la mera differenza tra una realtà apparente e una realtà tangibile.

Gli elementi a sua disposizione sono paesaggi sonori, brani scultorei, materici e organici, simboli archetipi che dialogano con oggetti sintetici e residuali di una quotidianità vissuta, erosa e sfregiata come nel caso del busto della Statua della Libertà in cemento armato, adagiata sopra un cumulo di terra. Significativa è in esposizione anche la presenza del fuoco, sorretto da singole candeline da torta, innestate sopra piccole sculture a forma di candelabri realizzati in argento fuso, qui la viva fiamma, donata da Prometeo agli uomini diviene conoscenza, virtù e ricerca dialogica di verità per edificare la nuova comunità di individui. In un continuo dualismo tra luce e oscurità, dove la funzione maieutica, documentativa e archivistica è fruibile nelle proiezioni dedicate a Giustiniano Bruno, tassista della giudecca e al pittore Armando Bozzola, si affievolisce l'interesse per una conoscenza opinabile, la *pistis* in favore di una crescente meraviglia della bellezza, ossia della *noèsis* più elevata. Parte di questa analisi è alla base dell'opera dell'artista che si muove al di fuori delle consuetudini formali e delle rappresentazioni fallaci, e guarda in modo dinamico, ibrido e tecnologico a un fluire di conoscenze e coscienze politiche e sociali, con la consapevolezza di quella logica che in greco assume il nome di *alétheia*, «verità» esplorata attraverso una poetica distopica, che prende consistenza anche con la parola, il gesto e il corpo nella più piena attuazione del concetto di *Gesamtkunstwerk* .

Procedural anamnesis
Giuseppe Amedeo Arnesano

Turin, 27.02.21

Slow is the rhythmic gait in which we are gradually welcomed, accompanied in a semi-darkness that characterizes not only a place but especially the time that is available. We read an unpublished and critical narrative about the present, introverted towards the lagoon, in a visual and perceptive attitude that condemns and makes us reflect on the use of that theoretical reason and on the practical behavior of human beings.

Tenebra is the title of the exhibition through which g. olmo stuppia combines, with a singular language of plural values and an intense expressive research of alchemical taste, that movable boundary between art and life imagined as an evocative and architectural process of composite nature. Through this boundary we can learn the mere difference between obvious and tangible reality.

The elements that he uses are soundscapes, sculptural, material, and organic pieces, archetypal symbols that dialogue with artificial and residual objects of daily life, eroded and scarred as in the case of the bust of the Statue of Liberty in reinforced concrete, lying on a pile of mold. The presence of fire is significant, embodied by individual cake candles, grafted onto small sculptures in the form of candelabra made of molten silver.

Here the Living Flame, given by Prometheus to man, becomes knowledge, virtues, and dialogic search for truth to build the new community of individuals.

In a continuous dualism between light and darkness, where the maieutic , documentary, and archival functions are present in the projections dedicated to Giudecca taxi driver Giustiniano Bruno and painter Armando Bozzola, the interest in questionable knowledge weakens, the *pistis* replaced by a growing wonder of beauty that is the highest *noèsis*. Part of this analysis is the basis of the work of the artist that moves out of the formal habits and false representations, and looks in a dynamic, hybrid and technological way at a flow of knowledge and political consciousness, with the awareness of that logic that in Greek takes the name of *alétheia*, “truth”. A truth explored through a dystopian poetics, which also takes shape with the word, the gesture and the body in the full implementation of the concept of *Gesamtkunstwerk*.

Il Buio oltre la tenebra
Giacomo Gandola

Un insieme di modalità, di fenomeni complessi che fanno parte del processo empirico e della ricerca basata sull'esperienza. Soprattutto quando si tratta di immedesimarsi nei termini di una ricerca artistica e personale, come nel caso di *Tenebra*, prima mostra personale a Venezia di g. olmo stuppia, ospitata nella cornice di SPARC*–Spazio Arte Contemporanea.

Un viaggio nell'anima dell'artista, sullo sfondo di una Venezia che era e che è, in un continuum tra nostalgia dei tempi passati ed analisi della città nel momento corrente. Ombre e spicchi di oscurità, che ricordano la città lagunare nelle ore notturne, creano l'atmosfera.

L'idea che ne deriva è quella di uno spazio sospeso nel tempo, visibile attraverso gli occhi dell'esteta Stuppia, di origini siciliane ma cresciuto a Milano, che risiede stabilmente in laguna da diversi anni. La sua visione ci accoglie in questo ambiente in cui il contrasto tra luce ed ombre, tra momenti di chiarimento e attimi di confusione, risulta alla base dell'intero allestimento. Una ricerca che, naturalmente, fa scaturire questioni di importanza vitale sul nostro modo di percepire e di abitare il Buio, inteso come soglia esistenziale; che le tenebre, il caos, l'inconscio se vogliamo, e comunque tutta quella parte di noi che ci spaventa perché non controlliamo e che rischia di invadere e distruggere quello che abbiamo pazientemente costruito, il nostro io, sono realtà non eliminabili.

Può invece diventare lo spazio da investigare, da conoscere, da abitare per dar voce e forma a ciò che voce e forma non ha. Come in principio vennero create la luce e tutto il resto, anche la nostra parola, il logos non solo può mettere ordine, ma soprattutto rinnovarsi e declinarsi ogni giorno in progetti nuovi, in nuove ed entusiasmanti prospettive che attingono sempre più e sempre meglio da quel buio che, in fondo, siamo sempre noi.

Disclosing darkness
Giacomo Gandola

A set of modalities, complex phenomena that are part of the empirical process and research based on experience. Especially when it comes to identifying with the terms of artistic and personal research, as in the case of *Tenebra*, the first solo exhibition in Venice by g. olmo stuppia, at SPARC*-Spazio Arte Contemporanea.

A journey into the soul of the artist, against the background of a Venice that was, and is, in a continuum between nostalgia for past times and analysis of the city at the current moment. Shadows and patches of darkness, reminiscent of the lagoon city at night, create the atmosphere.

The idea that derives from this is that of a space suspended in time, visible through the eyes of the aesthete Stuppia, of Sicilian origins but raised in Milan, who has been based in the lagoon for several years. His vision welcomes us into this environment in which the contrast between light and shadow, between moments of clarification and moments of confusion, is the basis of the entire set-up. Research that, of course, brings forth vital questions about our way of perceiving and inhabiting the Dark, understood as an existential threshold; that darkness, that chaos, the unconscious, if you like, and in any case all that part of us that frightens us because we do not control it and risks invading and destroying what we have patiently built, our ego, are realities that cannot be eliminated.

Instead, it can become the space to investigate, to know, to live, to give voice and form to what voice and form does not have. As in the beginning they were created in light and everything else, even our word, the logos, can not only put in order, but above all renew and decline every day in new projects, in new and exciting perspectives that draw more and more from the darkness that, after all, is always us.

Il desiderio come pratica artistica
Costanza Sartoris

La radice etimologica della parola desiderio sembra essere legata alla “mancanza delle stelle”, o comunque all’essere accompagnati da stelle avverse. La narrazione che lega le opere esposte in *Tenebra* di g. olmo stuppia riecheggia una simile eco, dispiegando una riflessione sulla pratica artistica intesa come un forte atto di desiderio.

Due vite di solitudine e ricerche utopiche cingono il corpo sfregiato della statua che incarna quel desiderio simbolo del mito moderno, la Statua della Libertà. Un corpo scalfito e a brandelli, trovato abbandonato in un drive-in siciliano e preso in prestito dell’artista in un rimando continuo di traduzioni e ricollocamenti. Un corpo acefalo, il cui volto sfigurato è immagine della crisi che attanaglia la cultura che ha dominato l’Occidente dalla caduta del muro di Berlino in avanti: la fine della storia, l’epoca acronica dell’attimo.

Abbracciano questi resti le vite minute e marginali di due anziani abitanti di Venezia, ancore di resistenza nel flusso infinito e senza senso dello scroll sullo schermo. Far vivere la propria città dall’acqua, l’elemento da cui tutto ha origine, è il desiderio del tassista giudecchino, che accompagnando i suoi idoli in barca, vede nella Russia non la grande sconfitta, ma il paese dove le possibilità possono nascere. Dipingere, dipingere e ancora dipingere la propria città *en plain air* è invece l’incessante desiderio e necessità del pittore di Santa Marta: con forza e perseveranza trascina per le calli il suo cavalletto per catturare gli scorci incantati di questo luogo cinto dall’acqua e poi custodirli nella propria casa-atelier quasi fossero dei segreti.

Sposando la processualità di queste due figure archetipiche, g. olmo stuppia mostra come la ricerca artistica sia un atto di desiderio parte integrante della vita stessa. Una tensione verso un altrove percepito come necessario, ma allo stesso tempo irraggiungibile in quanto non assecondato dal fato. La città di Venezia, la Statua della Libertà, i piccoli candelabri d'argento... stelle cadenti di desideri collettivi che lentamente si sfaldano, continuando a bruciare.

Desire as an artistic practice

Costanza Sartoris

The etymological root of the word "desire" seems to be linked to the "lack of stars", or at least to being under adverse ones. The narrative binding the works exhibited in *Tenebra* by g. olmo stuppia has a similar echo, deploying a reflection on the artistic practice as a strong act of desire.

Two lives of loneliness and utopian research surround the scarred body of the statue that embodies the desire symbol of the modern myth: the Statue of Liberty. A scratched and torn body found abandoned in a Sicilian drive-in is borrowed in a continuous cross- reference of translations and relocations by the artist. An acephalous body, whose disfigured face is the image of the crisis gripping the culture that has dominated the West since the fall of the Berlin Wall: the end of history, the achronic era of the moment.

Embracing these remains are the minute and marginal lives of two elderly inhabitants of Venice, anchors of resistance in the endless and meaningless flow of the feed on the screen. To live his own city from the water, the element from which everything begins, is the desire of the taxi driver from the Giudecca, who, accompanying his idols by boat, sees in Russia not the great defeat, but the country where possibilities can rise. Instead, to paint, paint and paint again his own city *en plain air* is the incessant desire and necessity of the painter from Santa Marta: with strength and perseverance he drags his easel through the calli to capture the enchanting views of this place surrounded by water and then he keeps them in his home-atelier as if they were secrets.

Marrying the processualism of these two archetypal figures, g. olmo stuppia shows how artistic research is an act of desire, an essential part of life itself, a tension towards an elsewhere perceived as necessary, but at the same time unattainable since not supported by fate. The city of Venice, the Statue of Liberty, the small silver candelabra... falling stars of collective desires that slowly crumble, burning down.

Memorie ad accesso casuale

Giulio Verago

Come i *tesori umani viventi* della tradizione artigiana giapponese, le figure che popolano l'immaginario di g. olmo stuppia sono portatori di un genio individuale.

Si tratta di un genio umiliato e offeso, eppure ricco di spirito e ironia. Sono uomini e donne straordinariamente comuni che la storia l'hanno più che altro origliata, gli è passata davanti per sbaglio e di sghembo, mentre sbarcavano il lunario. Ne sono portatori sani, come di una malattia cui ci si è immunizzati.

Raccogliendo le memorie casuali di contesti marginali g. olmo stuppia riflette sullo statuto stesso della marginalità, la sua definizione politica confezionata ad arte e la sua dimensione sociologica e culturale. La sua attenzione non insiste sulla geografia della marginalità, non è la mappa che gli interessa, ma la consapevolezza che spesso la mano che traccia il margine è la stessa che scrive la Storia. Allora in questa ricerca-azione che non ha nulla di rigoroso, c'è spazio per una sospensione ironica, una finestra sull'abisso ambiguo della decadenza.

Random access memories
Giulio Verago

Like the living human treasures of the Japanese craft tradition, the figures that populate g. olmo stuppia's imagination are bearers of an individual genius.

It is a humiliated and offended genius, yet one that is rich in wit and irony. They are extraordinarily ordinary men and women who have mostly eavesdropped on history: it has passed them by accident and in passing, while they were making ends meet. They are healthy carriers of it, like a disease to which they have been immunised.

By collecting the casual memories of marginal contexts, g. olmo stuppia reflects on the very status of marginality, its artfully packaged political definition and its sociological and cultural dimension. His attention does not insist on the geography of marginality; it is not the map that interests him, but the awareness that often the hand that traces the margin is the same one that writes History. So, in this action-research that has nothing rigorous about it, there is room for an ironic suspension, a window on the ambiguous abyss of decadence.

Simbologie dell'ombra, su di una sessola di alluminio
Anna Battiston

«Le ideologie sono quei sistemi di credenze, immagini, valori e tecniche di rappresentazione, attraverso i quali specifiche classi sociali, in conflitto tra loro, cercano di situare il proprio posto nella storia come "naturale". Ogni ideologia cerca di conferire un carattere ineluttabile a ciò che è in realtà un rapporto specifico e discutibile con i mezzi di produzione - essa figura il presente come "naturale", coerente, eterno.»[5]

L'ombra, così come le simbologie che spazialmente essa veicola nelle sale di SPARC, hanno in *Tenebra* un significato duplice.

Da un lato essa sembra indicare la condizione di esistenza dell'ideologia, intesa come sistema di rappresentazioni che nasconde e veicola il discorso dominante sulla realtà. L'ideologia come immagine deformata del mondo, attraverso la quale le mitologie di Barthes compiono la loro funzione vitale di naturalizzazione e normalizzazione[6]. La tenebra dell'incoscienza, dell'ignoranza o ancora della cecità, che permette la persistenza dell'equilibrio seppure instabile dell'egemonia, nel senso gramsciano del termine. Tenebra illuminata da luci effimere, come quelle delle candele made in china che coronano i candelabri in argento scolpiti dall'artista. Luci che non durano, illusioni che scompaiono,

5 T. J. Clark, *Questions préliminaires: l'oevre d'art et l'idéologie in Histoire sociales del l'art - Une anthologie critique* - Vol. II, a cura di Neil McWilliam, Costance Moréteau, Johanne Lamoureux. Le presses du réel, Dijon, 2016.

6 D. Hebdige, *Subculture: the meaning of style*, Routledge, London, 1979.

rappresentazioni, miti della cultura capitalista che ci governa.

Eppure, la tenebra è ugualmente là dove il pensiero si insinua, il pensiero che distrugge il mito, il pensiero che ne rivela l'ideologia, che ne decostruisce la griglia di rappresentazioni, il pensiero dissidente. L'ombra è l'opposto della luce pretenziosa, sono i margini, gli interstizi che sfuggono al controllo, alla subdola ma violenta normalizzazione della nostra epoca.

La tenebra di una Venezia silenziosa, interrotta dalla luce di un "barchin" clandestino che ne attraversa i canali in una notte di primaverile di *lockdown* mondiale.

Symbologies of the shadow, on an aluminium sexola
Anna Battiston

«Ideologies are the systems of beliefs, images, values and representational techniques where particular social classes in conflict between themselves are trying to establish their place in the history as 'natural'. Each ideology tries to give an inevitable character to what is, in reality, a specific and questionable relationship with the means of production - depicting the present as 'natural', coherent, eternal.»[7]

The shadow, as well as the symbols that it spatially transmits in the rooms of SPARC, has a double meaning in *Tenebra*. On the one hand, it seems to indicate the condition of existence of an ideology, understood as a system of representations that hides and conveys the dominant dialogue on reality. Ideology

7 T. J. Clark, *Questions préliminaires: l'oevre d'art et l'idéologie in Histoire sociales del l'art – Une anthologie critique* – Vol. II, a cura di Neil McWilliam, Costance Moréteau, Johanne Lamoureux. Le presses du réel, Dijon, 2016.

is a deformed image of the world, through which Barthes' mythologies fulfil their vital function of naturalization and normalization[8]. The darkness of unconsciousness, ignorance or blindness, that allows the resistance of the balance despite the unstable hegemony, in the Gramscian sense of the term. The darkness is illuminated by the fleeting lights, like the "made in China" candles that crown silver candelabra sculpted by the artist. Lights do not last, illusions that disappear, representations, myths of the capitalist culture that governs us. Yet, darkness is equally there where the thought sneaks in, thought that destroys myth, thought that reveals its ideology, that deconstructs its grid of representations, disagreeing thought. Shadow is the opposite of pretentious light, they are the edges, the gaps beyond control, the subtle but violent normalization of our time.

The darkness of a silent Venice interrupted by the light of a clandestine small boat that crosses its canals on a spring night of worldwide lockdown.

8 D. Hebdige, *Subculture: the meaning of style*, Routledge, London, 1979.

Apparizione
Mattia Solari

«Che cosa vede chi vede il suo tempo, il sorriso demente del suo secolo?»[9]

Il buio è un colore. È quel colore che hanno i tizzoni negli istanti del passaggio da materia ardente a cenere, quando l'ultima traccia di fuoco sfuma. "Burius", parola latina da cui deriva l'italiano buio, è quel colore: un rosso carminio scuro che appare poco prima che l'ultima fiamma si estingua. Se, come afferma W.B. Yeats, a guardare a lungo nel buio si trova sempre qualcosa, chi si sofferma a osservare queste tenebre troverà quello che ci è propriamente contemporaneo.

Pochi sono quelli che sanno leggere il presente, dacché non tutti siamo riusciti a emergere dalla spelonca. Quelli che ci riescono sono gli intempestivi, secondo la lettura di Agamben, coloro in asincrono col loro tempo. Le retine degli intempestivi intercettano i rari fotoni che rimbalzano nel buio, in quella tenebrosa requie dall'incessante bombardamento di stimoli dell'eterno, luminoso presente continuo. Ecco quello che fa l'artista nel buio: posa lo sguardo, disseziona, scava e ritorna a un presente in cui non siamo e lo mette in comunicazione con altri tempi. Ecco quello che vede l'artista, scorge quel sorriso demente, come probabilmente fece il poeta Osip Mandel'štam a cui dobbiamo questi versi, e col suo sguardo archeologico salda le disconnesse membra dei secoli. In quel buio rischiarato da candele, o da sincopate pulsazioni cerulee di televisori, o dal diafano chiarore proiettato sui visi

9 G. Agamben, *Cos'è il contemporaneo*. Nottetempo, Milano, 2008.

da uno smartphone. La contrapposizione fra illuminismo e oscurantismo si slava e la chiarezza diventa il suo antonimo, brancoliamo in piena luce ma viviamo nel buio.

Ecco che chi vede il suo tempo, il tempo dell'attesa, scorge per primo quelle luci siderali che ancora devono raggiungerci per manifestarci un'epifania, un'apparizione.

Apparition
Mattia Solari

«What does he who sees his time see, the demented smile of his century?»[10]

Darkness is a colour. It is that colour that embers have in the instants of the passage from burning matter to ashes, when the last trace of fire fades away. "Burius", the Latin word from which the Italian "buio" derives, is that colour: a dark carmine red that appears just before the last flame is extinguished. If, as W.B. Yeats says, when looking long into the darkness one always finds something, those who linger to observe this darkness will find what is proper to us. Few are those who can read the present, since not all of us have managed to emerge from the cave. Those who do are the untimely ones, according to Agamben's reading, those who are asynchronous with their time. The retinas of the untimely intercept the rare photons that bounce around in the dark, in that gloomy requiem from the incessant bombardment of stimuli of the eternal, luminous, continuous present. This is

10 *Ibidem*

what the artist does in the dark: he rests his gaze, dissects, digs and returns to a present in which we are not and puts it into communication with other times. This is what the artist sees, he sees that demented smile, as probably did the poet Osip Mandel'štam to whom we owe these verses, and with his archaeological gaze he welds the disconnected limbs of the centuries. In that darkness illuminated by candles, or by the syncopated cerulean pulsations of televisions, or by the diaphanous glow projected onto faces by a smartphone. The opposition between enlightenment and obscurantism becomes less clear and clarity becomes its antonym; we grope in the light but live in the dark. Here it is that whoever sees his time, the time of waiting, is the first to glimpse those sidereal lights that have yet to reach us to manifest an epiphany, an apparition.

Unconventional Venice
Alessandro Castellani Guarraoui

Tenebra è la prima personale di g. olmo stuppia a Venezia, allestita nei locali SPARC*-Spazio Arte Contemporanea.

L'artista presenta due sguardi non convenzionali sulla Città della laguna: da un lato, quello di Giustiniano Brunato, tassista dell'isola della Giudecca che ha accompagnato sulla sua barca personaggi del calibro di Togliatti, Kruscev, Nixon, e Roman Polanski; dall'altro, quello di Armando Bozzola, pittore di Santa Marta, il quale vive in piena solitudine, godendo solamente della compagnia delle sue opere e dei suoi ricordi - che si compongono, fra altri, di lettere di apprezzamento a lui care che Paul Newman e Frank Sinatra gli scrissero a seguito dell'acquisto di alcuni quadri, le quali custodisce gelosamente nelle proprie tasche.

Avvalendosi della flebile luce di alcune candele e delle tremule ombre che accompagnano le opere, g. olmo stuppia - siciliano di nascita, ma veneziano d'adozione- ha creato un percorso narrativo in cui le tenebre sembrano prevalere sulla luce.

All'entrata della mostra, ci accoglie la testa decapitata di una Statua della Libertà, una delle opere più care a Olmo.

Completano *l'ensemble* tre filmati dal forte carico emotivo: il primo tratta del dialogo dell'artista col taxista Brunato, il quale racconta l'emozione di esser stato al fianco a personaggi che hanno contribuito a scrivere pagine della Storia; il secondo illustra il complesso recupero di una Statua della Libertà da una struttura americana in stato di abbandono, unito alla recitazione di un brano delle supplici di Euripide che funge da colonna sonora; il terzo narra, infine, l'intervista fra Olmo ed il noto pittore Armando Bozzola.

Concludono il percorso espositivo alcune sculture che, in perfetta sintonia con l'insieme, danno origine ad un racconto che fonda le radici sul delicato ed intimo rapporto tra l'Artista e la sua città di adozione: Venezia.

Unconventional Venice
Alessandro Castellani Guarraoui

Tenebra (Darkness) is g. olmo stuppia's first solo exhibition in Venice, held at SPARC*-Spazio Arte Contemporanea. The artist shows us two unconventional views of the City of the Lagoon: on the one hand, that of Giustiniano Brunato, a taxi driver from the island of Giudecca who has ferried people of the calibre of Togliatti, Krushchev, Nixon and Roman Polanski on his boat, and on the other, that of Armando Bozzola, a painter from Santa Marta whose life's journey has led him to live in solitude in the sole company of his works and memories. He always carries in his pocket the letters of appreciation that Paul Newman and Frank Sinatra wrote to him when they bought his paintings. At the entrance we are greeted by the decapitated head of a Statue of Liberty, one of olmo's favorite works. Using the feeble light of a few candles and the flickering shadows that accompany the works, g. olmo stuppia, Sicilian by birth but Venetian by adoption, has created a narrative path in which darkness seems to prevail over light. The ensemble is completed by three emotionally charged films: the first deals with the author's dialogue with the taxi driver Brunato, in which he recounts the feeling of being next to characters who have written pages of history; the second illustrates the complex recovery of a Statue of the

Liberty from an American building in a state of disrepair, to which the recitation of the second verse of *The Supplicants of Euripides acts* as a soundtrack; the last deals with an interview with the well-known painter Armando Bozzola.

The exhibition concludes with a number of sculptures that, in perfect harmony with the whole, give rise to a story rooted in the delicate and intimate relationship between the artist and his adopted city: Venice.

A coloro che potrebbero prendersi un momento
Elise Anne Beuke

A coloro che potrebbero prendersi il tempo per leggere, scrivo queste parole non per affermare una cosa o un'altra ma solo per parlare con la speranza di lasciarvi qualcosa di mio,

Scarpe
Punta di tacco
Prima le sento mentre aspetto il puntellato gattino di *wampus*
Mezza sepolta mezza esumata

Poi li vedo Scala per scala
Un piede davanti all'altro e si fermano
e i miei occhi incontrano le loro suole
e il loro proprietario mi guarda dall'alto e gli si
chiede di fermarsi a riflettere.

Una volta avevo un corpo e un'altezza.
Cose che venivano usate come asserzioni in nome di idee come *presenza*, *autonomia* e *monumento*.

Che cosa buffa mettere una donna bloccata come simbolo della libertà
Eppure, qui giaccio separata dalla maggior parte del mio corpo
Trovato Riassunto
Presa dal mio luogo di riposo derelitto. Non sono estranea al fatto di essere sfruttata.
Prima sono stato usata dalla nazione e dall'esercito, dicevano che ero un "faro".

Oggi la mia immagine viene spesso vista penzolante dagli specchietti retrovisori dei camion o illuminata con luci al neon sulla Strip di Las Vegas, il mio è un odore di fontane gonfie di cloro e asfalto caldo.

Sono stata un riferimento all'arrivo presso nuovi lidi come rimpiazzo per una promessa.

E ora in questo caso specifico il mio utilizzo è stato presentato ripiegato su sé stesso;

adagiato tra muri bianchi e quadrati, in mezzo ad intellettuali pensierosi.

L'artista mi ha visto per la prima volta quando era bambino. In Sicilia ero la figura che vedevano i droni. Stavo nello stesso spazio occupato da uomini brutali che parlavano lingue diverse e lasciavano impronte di stivali nella polvere. Più tardi mi ha separato dal mio corpo di cemento e mi ha rivendicata. Mi ha messo in una posizione di rilievo. Spinge gli spettatori a riflettere sulla mia presenza e sulla mia assenza. Spesso appoggiandomi nella terra. Più che ammiccare semplicemente all'imperialismo, ne ho l'odore. E agli spettatori viene ricordato, attraverso l'uso che l'artista fa di me, cosa dovrebbero tenere presente.

Tenebra. Tenebra. Qui la mia faccia consumata e sporca funge da limite tra la luce e l'oscurità. Dopo essermi passati davanti e aver proseguito il vostro percorso, le pareti bianche diventano ocra, alterate da una combinazione di buio e luce di candela.

Questo però non è un one *woman show*. Ci sono anche altri interpreti in questo dramma ricco di riflessioni. Siamo tutti ugualmente sfruttati per mostrare punti distinti. Ognuno di noi, ricontestualizzato, in ambienti selezionati dall'artista.

Quanto vale il lavoro di sollevare, trasportare e ascoltare quando le domande poste sono fatte con un tono forte e assertivo? Se le risposte sono altrettanto difficili da sentire per gli spettatori, il loro valore si deforma o diminuisce?

Dal mio posto nello spettacolo sento le voci di altre quattro persone. Il rumore di fondo compensa anche troppo la mancanza di luce. Spetta al visitatore decidere se la qualità delle prospettive sia effettivamente troppa. Non posso essere uno che afferma cose forti, il mio essere esiste come una contraddizione in sé. Il mio nome; un negativo socialmente falso. E il mio cognome; una grande cosa sognante, spesso affermata da pochi e vissuta da ancora meno.

Sono trovata e ritrovata su isole che non sono le mie. Sono stata presa e ripresa da uomini che sperano di poter dire qualcosa con me o su di me. Per me stessa rivendicherò queste pagine, sapendo che il potere di dire qualcosa non sta sempre nel modo in cui ciò che si dice viene recepito, o ascoltato. Ma l'atto di dire qualcosa potrebbe essere il primo passo verso l'ottenimento o la diminuzione del potere. I primi passi, proprio come i primi assoli devono essere affinati, riesaminati e smontati. Sono la prima a sapere che erigere qualcosa è un passo verso la soddisfazione e non una conclusione in sé.

Disperatamente vostra, Lady Liberty

To those who might take time to concern

Elise Anne Beuke

To those who might take the time to be concerned, I write these words not to assert one thing or another but just to speak with the hopes of saying something of my own,

Shoes
Toe heel
Fist I hear them As I wait propped kitty *wampus*
Half buried half unearthed

Then I see them Stair by stair
One foot in front of the other and they stop
and my eyes meet their soles
and their owner looks down on me and they are asked to think.

I used to have a body and altitude.

Things that were used as assertions on behalf of ideas such as *presence, autonomy, monument*.

What a funny thing to erect a static woman under the dominion of freedom

But yet here I lay severed from most of my form

Found Reassumed

Taken from my derelict resting place. I am no foreigner to being used.

First I was used by nation and military alike a "beacon" they called me.

Today my image can be found dangling from semi- truck rear view mirrors or lit with neon lights on the Vegas Strip, smelling a mixture of the chlorine pumped fountains and hot asphalt.

I have been used upon arrival at new shores as a substitute for promise.

And now in this specific case my use has been presented doubled back on itself.

propped inside white square walls, splayed between pensive intellectuals.

The artist first met me when he was a child. In Sicily I was the figure that the drones answered too. I stood in the same space as the brute men who had different tongues and left molded boot prints in the rocky dust. Later, he found me separated from my concrete body and he claimed me. Positioned me to be looked upon. Urging viewers to contemplate my presence and lack thereof. Often resting me in soil I have now adopted a context of land and claim. I more than simply nod at imperialism; I smack of it. And viewers are told, through the artist's use of me, what *should* be considered.

Tenebra. Darkness. Here my taken, dirt washed face serves as the transition between the light and the darkness. After confronting me and moving onwards into the space, white walls become ocherous, altered by a combination of darkness and candlelight.

This, though, is not a one woman show. Other characters exist in this dim lit drama of considerations. We are all equally *used* to prove separate points. Each of us, recontextualized, in the artists own facilitated environments. How much worth is the work of lifting, hauling, and listening when the questions asked are done so in a tone that is both loud and assertive? If the answers are equally as hard for viewers to hear, does their value warp or diminish?

From my place in the show, I hear the voices of four others. The wash of noise overcompensates for the lack of light. It is up to the visitor to decide whether the quality of perspectives overcompensates for the quantity of them. I cannot be one to state strong things, my being existing as a contradiction in itself. My first name; a socially false negative. And my last name; a big, dreamy thing, often asserted by few and experienced by even fewer.

I am found and re-found on islands that are not my own. I am taken and re-taken by men who hope to say something either with me or for me. For myself I will claim these pages, knowing that the power of saying something doesn't always rest in how well what is said is retained, or listened to. But the act of saying something at all could be the first step towards retaining and or diminishing powers. First steps, just as first solo shows must be honed, reexamined and picked apart. I am the first to know that erecting something is a step towards satisfaction and not a conclusion in itself.

Disposably yours, Lady Liberty

Attraverso la caligine
Pietro Consolandi

«Prediligiamo la patina del tempo, ben sapendo che è prodotta da mani sudate, da polpastrelli unti, da depositi di morte stagioni; la prediligiamo per quel lustro, e quegli scurimenti, che ci ricordano il passato, e la vastità del tempo.»[11]

Parlando con le tante umanità che abitano Venezia - autoctone, foreste o di passaggio - è facile identificare due grandi fazioni: chi crede che la città sia morta, e offra il suo passato in pasto al presente; o, al contrario, che sia talmente nel futuro da diventare anacronistica nel suo significato più etimologico: in contrasto con il tempo. Per questo anacronismo tanti l'hanno indicata come una possibilità per il futuro, risponde alla definizione di Giorgio Agamben di inattuale: un'entità che, scartando dal proprio tempo, riesce ad agguantare il contemporaneo. Questa caratteristica, attribuita solitamente a figure umane, può appartenere anche ad entità essenzialmente diverse, come gli spettri o secolari accrocchi di creature, idee e materia che depositandosi e stratificandosi possono formare una città. ciò che colpisce tanti dei foresti è la diversità tra Venezia e le altre città in termini di tempo, di luce e di suono: abitare nei meandri dell'arcipelago che costituisce Venezia "isola" può significare scegliere di vivere in una dimensione in cui tutto ciò è come ovattato, brunito, fosco. Questa foschia non è solo quella letterale della notte o del caigo - la nebbia caliginosa che spinge i barcaroli a esclamare «*ca me ligo*!» - ma anche una più difficilmente percepibile che i giapponesi chiamano "nare": il

11 J. Tanizaki, *Libro d'ombra*. Giunchi Editore Bompiani, Firenze – Milano, 2017, p. 19.

"lustro delle mani", quella luminescenza torbida propria della giada, amata dagli Orientali, che secondo Jun'ichirō Tanizaki «fuor d'eufemismo, altro non è che sudiciume accumulato nel corso dei secoli»[12]. Questo sudiciume di polpastrelli, di mani che toccano e bocche che parlano, è quel che sopravvive ai secoli in maniera silenziosa. è la polvere della storia, la materia di cui sono fatti gli spettri e attraverso cui possono parlarci. Agamben in un suo breve saggio su Venezia indica la città come «una lingua spettrale, in cui non possiamo parlare, ma che a suo modo freme e accenna e sussurra e che, sia pure a fatica, possiamo intendere e decifrare»[13].

Tali spettri sono distanti dai fantasmi Occidentali e shakespeariani, che parlano una lingua intelligibile e storificata, in cui Tanizaki sottolinea la trasparenza vitrea e la presenza di gambe che testimonia "una certa inettitudine nel fluttuare". Lo spettro di Venezia è probabilmente più simile a quelli giapponesi: ammantato dalla patina dei secoli, fluttua nell'umidità lagunare e si può scorgere negli spazi di tenebra delle calli. Questo non è da intendersi come malvagità, ma come una possibilità alternativa di comprendere il mondo: nell'ombra, come alla luce lunare secondo i tarocchi, si può scorgere ciò che è celato alla luce del sole ma è ugualmente parte della realtà. Qui sta la possibilità della tenebra: vedere nella presenza della testa di una statua l'esistenza del corpo, di sue nuove possibilità e significati. Nelle stropicciature dei biglietti di Paul Newman e Frank Sinatra una piega vitale, negli aneddoti su Togliatti, Kruscev e Nixon un'immagine politica nuova. E nei ricordi di migliaia di veneziani la chiave di lettura per capire cosa ci dicono i fantasmi della laguna:

12 *Ibidem.*

13 G. Agamben, *Dell'utilità e degli inconvenienti del vivere fra spettri.* Corte del Fortengo, Venezia, 2011, p. 26.

dalla stazione di S. Lucia, al gasometro di S. Francesco, dagli spazi ancora verdi di Mazzorbo alle Barene sparite dalla laguna centrale. Toccando la caligine, senza pensare di doverla per forza tirare a lucido, si può davvero capire Venezia e il suo predicamento.

Through the haze
Pietro Consolandi

"We prefer the patina of time, knowing full well that it is produced by sweaty hands, greasy fingertips, deposits of dead seasons; We prefer it for that lustre, and those darkening, which remind us of the past and the vastness of time."[14]

Talking to the many people who inhabit Venice – natives, mainlanders, or people passing through – it is easy to identify two great factions: those who believe that the city is dead, offering its past to the present; or, on the contrary, that it is so far into the future as to become anachronistic in its most etymological meaning: in contrast with time. Because of this anachronism, many have pointed to it as a possibility for the future, responding to Giorgio Agamben's definition of the in actual: an entity that, by discarding its time, manages to grasp the contemporary. This characteristic, usually attributed to human figures, can also belong to essentially different entities, such as ghosts or age-old jumbles of creatures, ideas, and matter that, by depositing and stratifying, can form a city. What strikes many of the outsiders is the difference between Venice and other cities in terms of time, light and

14 J. Tanizaki, *Libro d'ombra*. Giunchi Editore Bompiani, Firenze – Milano, 2017, p. 19.

sound: living in the meanders of the archipelago that makes Venice an "island" can mean choosing to live in a dimension in which everything is as if muffled, burnished, hazy. This haze is not only the literal haze of the night or of the caigo - the fuliginous fog that drives boatmen to exclaim *"ca me ligo!"* - but also a more difficult to perceive one that the Japanese call nare: the "lustre of the hands", that murky luminescence typical of jade, beloved by the Orientals, which according to Jun'ichirō Tanizaki "without understatement, is nothing but filth accumulated over the centuries"[15]. This filth of fingertips, hands that touch and mouths that speak, is what silently survives the centuries. It is the dust of history; the material of which spectres are made and through which they can speak to us. In a short essay on Venice, Agamben describes the city as "a spectral language, in which we cannot speak, but which in its own way quivers and hints and whispers and which, albeit not easily, we can understand and decipher"[16].

Such spectres are distant from Western and Shakespearian ghosts, who speak an intelligible and historicized language, in which Tanizaki emphasizes the glassy transparency and the presence of legs that testifies to "a certain ineptitude in floating". The spectre of Venice is probably more similar to the Japanese ones: cloaked in the patina of centuries, it floats in the lagoon humidity and can be glimpsed in the dark spaces of the calli[17]. This is not to be understood as evil, but as an alternative way of understanding the world: in the shadows, as in the moonlight according to the tarot, one can glimpse what is hidden from sunlight but is nevertheless part of reality.

15 *Ibidem*.

16 G. Agamben, *Dell'utilità e degli inconvenienti del vivere fra spettri*. Corte del Fontengo, Venezia, 2011.

17 Venetian alleyways.

Here lies the possibility of darkness: to see in the presence of a statue's head the existence of the body, of its new possibilities and meanings. In the crumples of Paul Newman's and Frank Sinatra's tickets a vital twist, in the anecdotes about Togliatti, Krushchev and Nixon a new political image. And in the memories of thousands of Venetians, the key to understanding what the ghosts of the lagoon are telling us: from the station of S. Lucia to the gasometer of S. Francesco, from the still green spaces of Mazzorbo to the Barene.[18] Touching the fog without thinking of necessarily having to polish it, one can really understand Venice and its preaching.

18 Salt marshes are tabular lands typical of lagoons, periodically submerged by the tides that have disappeared from the central lagoon.

Hai salvato una scultura, fai parlare gli uomini, contempli l'ombra... cerchi idoli dove sono rimaste solo consacrazioni autoreferenziali di immagini.

«La nascita dell'immagine è strettamente connessa alla morte. Ma se l'immagine arcaica scaturisce dalle tombe, è per un rifiuto del nulla e per prolungare la vita. La plastica è un terrore addomesticato. Ne consegue che più si cancella la morte dalla vita sociale, meno viva è l'immagine, e meno vitale risulta il nostro bisogno di immagini.»[19]

«Prima scolpita, poi dipinta, l'immagine è, all'origine e per la sua funzione, mediatrice tra i vivi e i morti, tra gli umani e gli dèi; tra una comunità e una cosmologia; tra una società di soggetti visibili e la società delle forze invisibili che li assoggettano. Questa immagine non è fine a sé stessa, ma è un mezzo di divinazione, di difesa, di incantesimo, di guarigione, di iniziazione.»[20]

«La storia dello sguardo è forse solo un capitolo, un'appendice della storia della morte in Occidente. Una immagine del passato non è mai sorpassata, perché la morte è il nostro insorpassabile e l'inconscio religioso non ha età. È dunque a ragione del suo arcaismo che un'immagine può restare moderna. [...] L'evoluzione congiunta delle tecniche

19 Régis Debray, *Vita e morte dell'immagine. Una storia dello sguardo in occidente*. A cura di Marco Pierini, Magonza. Le lucciole, Arezzo, 2020, p. 21.

20 *Ivi*, p. 32.

e delle credenze ci porterà ad individuare tre momenti della storia dell'arte: lo sguardo magico, lo sguardo estetico e infine lo sguardo economico. Il primo ha suscitato l'idolo; il secondo l'arte; il terzo il visivo. Più che visioni, queste sono organizzazioni del mondo.»[21]

«Noi parliamo in un mondo, vediamo in un altro mondo. L'immagine è simbolica ma non ha le proprietà semantiche della lingua: è l'infanzia del segno. Questa originalità le dona una potenza di trasmissione senza pari. Essa fa del bene perché fa del legame. Ma senza comunità non si dà vitalità simbolica. Per l'universo delle immagini la privatizzazione dello sguardo moderno è un fattore d'anemia.»[22]

«Se l'immagine fosse una lingua sarebbe parlata da una comunità, perché affinché ci sia linguaggio, bisogna che ci sia gruppo (e perché ci sia gruppo bisogna che ci sia simbolo). È appunto l'individualizzazione della produzione artistica (e della sua clientela, dei suoi destinatari, più ancora della sua produzione) ad attestare l'indebolimento della funzione significativa delle opere visive.»[23]

«Quell'aura di cui Walter Benjamin deplorava la fuga a causa delle riproducibilità tecnica, non si è involata come egli temeva, ma personalizzata. Non idolatriamo più le opere ma gli artisti. Anche il mondo simbolico ha orrore del vuoto: quando la sua opera si richiude su sé stessa come un'ostrica, è l'artista a diventare un geroglifico ambulante, depositario dei pesanti

21 *Ivi*, p. 39.
22 *Ivi*, p. 43
23 *Ivi*, p. 53.

segreti della vita, mai chiaramente svelati.»[24]

«Un codice totalmente soggettivo o privativo non è più un codice. Il gioco simbolico è uno sport di squadra. Klee: "Deve ben esistere un terreno comune a profani e artisti, un terreno sul quale sia possibile un incontro, sul quale l'artista cessi di apparire qualcosa di estraneo. E appaia come un essere che al par di voi, non richiesto del suo parere, è stato gettato in un mondo proteiforme, in cui bene o male gli tocca raccapezzarsi".»[25] (conferenza di Jena).

L'attuale feticismo dell'immagine ha molti più punti in comune con la lontana era degli idoli che non con quella dell'arte. Dato che l'era 3 delle mediazioni onnipresenti, la nostra, risveglia l'immediatezza senza macchine dell'era 1, riscopriremo qui la fenomenologia delle imagerie primitive. L'impressione del già-visto che evoca in generale il mai-visto deriva dal fatto che ogni grado di "postmodernità" riattiva un arcaismo che sorge dinanzi a noi, quando lo si credeva dietro di noi, dileguato con il "premoderno".»[26]

«Dall'idolo all'idolo, sarebbe allora questa la carriera dell'immagine in occidente, avendo l'arte fatto da intermezzo tra due idolatrie. La prima per eccesso di trascendenza; la seconda, la nostra, per difetto. In regime di idolo, l'immagine, declinazione del prototipo divino, aveva troppo di "off": era come schiacciata dal sacro che incombeva su di essa o lo attraversava. In regime di visivo, di "off", l'immagine non ne ha più a sufficienza: essa procede alla propria consacrazione.»[27]

24 *Ivi*, p. 58.

25 *Ivi*, p. 66.

26 *Ivi*, p. 263.

27 *Ivi*, p. 266.

«Il trionfo iconico ha così generato la super-immagine, forma compiuta della non immagine, poiché l'immagine assoluta non è più immagine di null'altro (se non del software su computer o, alla televisione, di quel software collettivo che è l'opinione). Caso classico di inversione per passaggio al limite: la rana che si fa più grossa del bue non assomiglia, in fine, più a una rana che a un bue. Così accade al segno visivo, nella sua relazione al referente: l'iper-icona è esplosa. È per questo che ci sono sempre meno immagini nella civiltà degli schermi (detta, per antifrasi, "dell'immagine").»[28]

«La schiavitù è il capovolgimento da parte dell'uomo del mediatizzato in immediato. O di quel che dipende da lui in qualche cosa di indipendente e di onnipotente. Il soggetto riceve come implacabile e naturale quello che è artificiale, costruito dai suoi dispositivi. Prende per oggetto da percepire, passivamente, ciò per cui egli percepisce attivamente. Ignora dunque se stesso come creatore, come sorgente delle proprie immagini (come nel passato lo era Dio o della verità). Esse "gli cadono addosso" come la grandine o la tempesta, quando è il suo proprio sistema di rappresentazione ad averle lanciate. È il meccanismo classico dell'alienazione e della trasformazione di una libertà in mito. Ma quello che qui si estroverte e si sublima, non più nell'idea di Dio ma nella immaginazione divinizzata e mitizzata, non è più la coscienza di un soggetto bensì un macchinario sociotecnico.»[29]

28 *Ivi*, p. 269.

29 *Ivi*, p. 322.

Life and death of the picture
Stefano Coletto

You have saved a sculpture, you make men speak, you contemplate the shadow... you seek idols where only self-referential consecrations of images remain.

«The birth of the image is closely linked to death. But if the archaic image springs from the tombs, it is out of a rejection of nothingness and to prolong life. Plastic is a domesticated terror. It follows that the more death is erased from social life, the less alive the image, and the less vital is our need for images.»[30]

«First sculpted, then painted, the image is, in its origin and function, a mediator between the living and the dead, between humans and gods; between a community and a cosmology; between a society of visible subjects and the society of invisible forces that subjugate them. This image is not an end in itself, but a means of divination, of defense, of enchantment, of healing, of initiation.»[31]

«The history of the gaze is perhaps only a chapter, an appendix to the history of death in the West. An image of the past is never outdated, because death is our unsurpassable and the religious unconscious is ageless. It is therefore because of its archaism that an image can remain modern. [...] The joint evolution of techniques and beliefs will lead us to identify

30 Régis Debray, *Vita e morte dell'immagine. Una storia dello sguardo in occidente*. A cura di Marco Pierini,Magonza. Le lucciole, Arezzo, 2020, p. 21.

31 *Ivi*, p. 32.

three moments in the history of art: the magical gaze, the aesthetic gaze and finally the economic gaze. The first gave rise to the idol; the second to art; the third to the visual. More than visions, these are organizations of the world.»[32]

«We speak in one world; we see in another world. The image is symbolic but does not have the semantic properties of language: it is the infancy of the sign. This originality gives it an unparalleled power of transmission. It does good because it creates a bond. But without community there is no symbolic vitality. For the universe of images, the privatization of the modern gaze is a factor of anemia.»[33]

«If the image were a language, it would be spoken by a community, because in order for there to be language, there must be a group (and in order for there to be a group, there must be a symbol). It is precisely the individualization of artistic production (and of its clientele, its recipients, and even more so of its production) that attests to the weakening of the significant function of visual works.»[34]

«That aura of which Walter Benjamin deplored the escape due to technical reproducibility has not evaporated as he feared but has been personalized. We no longer idolize works but artists. The symbolic world, too, has a horror of emptiness: when its work closes in on itself like an oyster, it is the artist who becomes a walking hieroglyphic, a repository of the heavy secrets of life, never clearly revealed.»[35]

32 *Ivi*, p. 39.

33 *Ivi*, p. 43.

34 *Ivi*, p. 53.

35 *Ivi*, p. 58.

«A totally subjective or privative code is no longer a code. Symbolic play is a team sport. Klee: "There must be a common ground for laymen and artists, a ground on which an encounter is possible, on which the artist ceases to appear as something foreign. And he appears as a being who, like you, has not been asked for his opinion, has been thrown into a protean world, in which, for better or worse, he has to find his way"»[36] (Jena Lecture)

«Today's image fetishism has much more in common with the distant age of idols than with the age of art. Since era 3 of ubiquitous mediations, our era, reawakens the machine-less immediacy of era 1, we will rediscover here the phenomenology of primitive imageries'. The impression of the already-seen that evokes the never-seen in general stems from the fact that every degree of 'postmodernity' reactivates an archaism that rises before us, when it was thought to be behind us, vanished with the "premodern".»[37]

«From idol to idol, this would then be the career of the image in the West, art having acted as an intermediary between two idolatries. The first by excess of transcendence; the second, ours, by defect. In the idol regime, the image, a declination of the divine prototype, had too much "off": it was as if crushed by the sacred that loomed over it or crossed it. In the regime of the visual, the image no longer has enough "off": it proceeds to its own consecration.»[38]

36 *Ivi*, p. 66

37 *Ivi*, p. 263

38 *Ivi*, p. 266

«The iconic triumph has thus generated the super-image, the completed form of the non-image, since the absolute image is no longer the image of anything else (if not of computer software or, on television, of that collective software which is opinion). A classic case of inversion by passing to the limit: the frog that becomes bigger than the ox does not, in the end, resemble a frog more than an ox. This is what happens to the visual sign in its relation to the referent: the hyper-icon has exploded. Therefore, there are fewer and fewer images in the civilization of screens (called, by antifraphy, "of the image".»[39]

«Slavery is man's reversal of the mediatized into the immediate. Or of what depends on him into something independent and omnipotent. The subject receives as implacable and natural what is artificial, constructed by his devices. It takes as an object to be perceived, passively, that for which it actively perceives. He therefore ignores himself as the creator, as the source of his own images (as God or truth were in the past). They "fall on him" like hail or storm, when it is his own system of representation that has launched them. This is the classic mechanism of alienation and the transformation of freedom into myth. But what is extroverted and sublimated here, no longer in the idea of God but in the divinized and mythologized imagination, is no longer the consciousness of a subject but a socio-technical machine.»[40]

39 *Ivi*, p. 269

40 *Ivi*, p. 322.

Tenebra. Per un'escavazione della contemporaneità
g. olmo stuppia

Text editing inglese
Antony Baxter
Veronika Motulko

Text editing italiano
Elisa Gremmo
Elena Abate
Alessandro Castellani Guarraoui

Progetto grafico
Roberto Vito D'Amico

Con il supporto
CONTEMPORIS ETS
contemporary culture in Venice

SPARC VENICE ART FACTORY

mono

Comitato editoriale
Matteo Bergamini, Tobia Bezzola, Cecilia Canziani, Lara Conte,
Lucrezia Longobardi, Edi Muka, Raffaella Perna, Caterina Riva,
Michele Robecchi, Santa Nastro, Marco Senaldi

Finito di stampare nel mese di dicembre 2022
presso Paolo Nava

Postmedia Srl, Milano
www.postmediabooks.it